JN254975

演習
保育相談支援

小林 育子
IKUKO KOBAYASHI

萌文書林
HOUBUNSHORIN

はじめに

　2001（平成13）年に保育士が国家資格になって以来、保育士の業務は子どもの保育に加えて保護者の保育支援も行うことになりました。当初、保護者支援や地域活動事業は、乳幼児の保育に支障のない限り努力することという程度で、保育士に必須の業務ではありませんでした。

　その後、世界的規模の経済不況、少子高齢化の急速な進展など、社会情勢は急速に変化してきました。経済再建には労働力確保が先決で、その担い手として女性の労働力が望まれるようになりました。保育所の増設を始め、女性の労働を支援する施策も年々強化されています。加えて科学技術の急速な発展が人々の生き方を変え始めてきました。当然のことながら、家族のありようも大きく変わり始めました。保育の社会化、介護の社会化は、まだとどまるところを知りません。

　2008（平成20）年、社会福祉士、介護福祉士の養成カリキュラムが改正され、「社会福祉援助技術」「社会福祉援助技術演習」の名称は「相談援助」に代わりました。これを受けて保育士養成カリキュラムも改正され、社会福祉援助技術から「相談援助」と「保育相談支援」となり、保護者支援の体制を強化することになりました。

　2010（平成22）年1月に発表された「子ども・子育てビジョン」では、少子化対策から子ども・子育て支援へと施策を転換し、生活と仕事と子育ての調和（ワーク・ライフバランス）を図る、つまり働き方の見直しと子育ての社会的支援を強化する方針を示しています。都市部の待機児童解消に向けた対策はすでに急ピッチで進められています。

　かつて世代間で伝達されてきた育児文化は、いまや、保育・教育・児童福祉を中核とする社会的な機関が家族に積極的に伝えていかなければならない時代になりました。家族の子育てを支援することは、保護者を援助するだけでなく、子どもたちが家庭という居場所を失わないためにも重要な仕事です。子どもの最善の利益とは、「すべての子どもが安心して暮らせ

る場」を確保できることでしょう。

　本書はこれから保育者になる保育学生を対象に、子どもの健やかな育ちをめざした保護者支援の理論と技術を解説しています。日常、乳幼児の保護者世代と交流する機会のない学生のことですから、保育の場での支援の実際を実感できるよう事例を多く取り入れました。事例を通して保護者支援の方法を学ぶと同時に、保育現場でどのような相談支援が行われているのかを理解していただくことがねらいです。事例に用いている名前はすべて仮名です。

　「保育相談支援」は保育士の国家資格化、保育指針の改定に伴って保育士養成の必修科目として新設されたものですが、幼稚園教諭にも小学校教諭にも保護者支援は不可欠な業務となることを考え、保育指針との直接的なかかわりのある箇所以外はすべて「保育者」で統一してあります。また、学修効果を高めるために各章の終わりに演習課題を設けましたが、この課題にとらわれず、独自に課題を設定いただいてもよいと考えています。

　2017（平成 29）年 3 月の保育所保育指針の改訂により、保護者支援や地域活動事業は、第 4 章「子育て支援」に引き継がれ、平成 30 年 4 月から、新しい指針に基づいた保育実践がスタートします。

　最後に本書の企画から出版まで多大のご尽力を頂いた萌文書林の前社長服部雅生氏に哀悼の意を捧げます。

　　2018 年 2 月

著　者

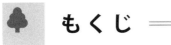

もくじ

はじめに 1

第1章 保育相談支援の意義 11

§1 保育相談支援とは 12
- 1．保育相談支援の意義 12
- 2．保育相談支援の対象 13
  - （1）児童福祉施設入所児童の保護者 13
  - （2）地域で家庭保育されている児童の保護者 13
- 3．家庭の変容と保育相談支援 14
  - （1）ひとり親家庭の増加 14
  - （2）児童虐待の増加 16
  - （3）共働き家庭の増加による要保育児童の増加 17
    - ［事例1］保育所に入所できない 19
  - （4）家庭の保育力の低下 19
  - （5）子ども仲間の減少 21
- 4．保育相談支援の経過 22
  - （1）エンゼルプラン策定前 22
  - （2）エンゼルプラン策定後 23

§2 保育所の特性を生かした保育相談支援 25
- 1．0歳から6歳までの発達段階の子どもがいる保育所 25
- 2．保育所は子ども理解の宝庫 26
  - ［事例2］子どもが嫌がって歯磨きをさせられない 26

§3 保育学生と保育相談支援 28

● 1．保育相談支援を学ぶ意義.................................28
● 2．保護者世代とのかかわり.................................29

［演習課題 1］...31

第2章
保育相談支援の原則...33

§1　子どもの最善の利益 ── 子どもの権利の擁護.................34

● 1．保護者の主張と
子どもの願いの狭間に立つ保育者.................34
　　［事例3］お母さんが運動会にきてほしい ── 大切にしたい子どもの思い..35
● 2．育児能力の不十分な母親をもつ子どもを支えて...........35
　　［事例4］保育所で育てる ── 子どもの生活を支える...............36

§2　保護者の養育力の向上...37

● 1．保育相談支援のねらい...37
● 2．親育て...38
　　［事例5］オムツをはずさせたい！.................................39
● 3．子育ての楽しさを伝える...40
　　［事例6］子どもって本当にかわいい ── 保育者の思いを伝える...............40

§3　守秘義務...42

● 1．相談で知り得た内容はすべてプライバシー.................42
　　［事例7］保育職 2年目の明美さんの失敗.................................42
● 2．保育士の倫理綱領...43

§4　受容的かかわり...45

● 1．信頼関係の樹立...45
　　［事例8］お母さんのやりきれない気持ちを受け止める.................46

もくじ　5

- **2．倫理観・価値観** ………………………………………………… 47
  - （1）倫理観・価値観とは ……………………………………………… 47
  - （2）価値観は変われるか ……………………………………………… 48

［演習課題2］ ………………………………………………………………… 49

第3章
保育相談支援の進め方 ……………………………… 51

§1　より効果的な保育相談をするために ……………………… 52

- **1．保護者の生活・行動特性を理解する** ………………………… 52
  - （1）親の性格と育児行動のかかわり ……………………………… 52
    - ［事例9］乳児の夜泣き ……………………………………………… 53
    - ［事例10］自分勝手で乱暴な子 …………………………………… 54
  - （2）育児行動は親の親から伝えられる ………………………… 55
- **2．相談の場づくり** …………………………………………………… 57
  - （1）相談の場所 ………………………………………………………… 57
  - （2）相談の場づくり ………………………………………………… 58
  - （3）曜日、時間の設定 ……………………………………………… 58
- **3．相談にかける時間** ……………………………………………… 59

§2　保育相談支援の実践 ………………………………………… 60

- **1．主訴の確認** ………………………………………………………… 61
- **2．問題の経過** ………………………………………………………… 61
- **3．これまでの対応** ………………………………………………… 62
- **4．アセスメント**（事前評価） ……………………………………… 62
  - ［事例11］離乳食について教えてください ① ………………… 63
- **5．インターベンション**（対応・介入） ………………………… 64
  - （1）助言・指導 ………………………………………………………… 64
  - （2）継続面接 ………………………………………………………… 65
  - （3）面接以外の方法を活用した継続相談 ……………………… 65

（4）他の機関への紹介 66

［事例11］離乳食について教えてください ② 66

● 6．関連機関との連携 67

［事例12］他の施設から情報を得る必要が生じたケース 67

［事例13］他機関との連携 68

［演習課題3］ 69

第4章
保育相談支援の技術 71

§1　保育相談支援の技術と留意点 72

● 1．相談の対象は成人 72

● 2．問題がありながら援助を求めてこない人へのかかわり 72

［事例14］給食を食べない子 73

● 3．面接の技術 75

（1）話しやすい雰囲気をつくる 75

（2）傾　　聴 75

（3）単純な応答 76

（4）繰り返し（リピート） 76

（5）感情への応答 77

（6）沈黙への対し方 77

（7）信頼関係（ラポール）樹立に向けて 78

● 4．自分を知ること 79

§2　電話相談の技術と留意点 80

● 1．電話相談の意義 80

（1）時間と距離の短縮 80

（2）直接語りかける親近感 81

（3）匿名性によるプライバシーの確保 81

（4）相談の主導権は利用者にある 81

もくじ　7

　　● **2．電話相談の技術**...81
　　（1）話し方や音から利用者の心情や問題の切迫度を理解する 81
　　（2）匿名性への配慮 82
　　　［事例15］名前を教えてほしい ── 電話相談の場面で 82
　　（3）傾聴の技法をより重視して 83
　　（4）時間の制限 83

　［演習課題4］...84

第5章
保育相談支援の技術を磨くために.................85

§1　記録と評価...86

　● **1．記録の必要性**..86
　　（1）業務報告として 86
　　（2）相談者への対応が適切であったかを反省・検討するために...........86
　　　［事例16］記録をつけることによって気づくこと 86
　　（3）ケース会議や事例研究の資料として活用するために 87
　● **2．記録の書き方**..87
　　（1）記録の取り方..87
　　（2）記録の書き方..88
　● **3．評　　価**..90
　　（1）相談担当者自身の評価 90
　　（2）上司の助言やケース会議での評価 90

§2　研修・研究...91

　● **1．スーパービジョンを受ける**..91
　● **2．ケース会議**..92
　　（1）ケース会議とは 92
　　（2）ケース会議のもち方..92
　　（3）ケース会議に提出する記録の書き方...93

- ● 3．研修・研究会 93
  - （1）施設外研修 93
  - （2）施設内（園内）研修──園内研修の課題 94

［演習課題5］ 95

第6章
保育相談支援の事例 97

§1　保育所の保育相談支援の事例 99

- ● 1．栄養・食事・生活習慣についての相談 99
  - **CASE** *1*　ほとんど離乳食を食べなくって……、
    - だいじょうぶでしょうか？ 100
  - **CASE** *2*　アレルギーがひどくって、
    - 食事や外遊びがとても心配です 102
  - **CASE** *3*　3歳になるのにまだオムツがとれなくて 104

- ● 2．発達の遅れ・気になる行動についての相談 107
  - **CASE** *4*　うちの子まだ歩けなくって…… 108
  - **CASE** *5*　発語はあるが、会話にならなくて 110
  - **CASE** *6*　年齢が進むにつれて、知的な遅れが目立ってきて 113

- ● 3．子どもの遊び・おけいこごとについての相談 115
  - **CASE** *7*　もっと外で遊べるような子どもに
    - なってほしいのですが…… 116
  - **CASE** *8*　塾には通わせたほうがいいですか？ 119
  - **CASE** *9*　公園遊び、お母さんの輪に入れない 121

- ● 4．育児不安・虐待・家族関係についての相談 123
  - **CASE** *10*　暴力を受けている様子はないけれど……
    - ── ネグレクト 123
  - **CASE** *11*　父親の酒のうえでの暴力で…… 126
  - **CASE** *12*　育児ノイローゼから虐待に 129

もくじ　9

● 5．外国人の保護者からの相談..132

CASE *13* 病気がちになり、やがて欠席することが多くなって 132

CASE *14* 異国での保育園生活が心配..136

§2 保育所以外の児童福祉施設の 保育相談支援の事例................140

● 1．乳児院..141

CASE *15* 予定より子どもを早く退所させたい...........................141

CASE *16* 子どもの帰宅日数を減らしてほしい...........................143

CASE *17* 子どもが落ち着いて過ごせない！ 146

● 2．児童養護施設...148

CASE *18* 子どもに持参させた持ち物がなくなるんです！............148

● 3．児童発達支援センター...150

CASE *19* もっと子どもの発達を促すような かかわりをしてほしいんです！.............150

● 4．地域の療育センター..153

CASE *20* 地域の幼稚園に入園させたいけど、 可能なのでしょうか？............153

[演習課題6]...156

本書参考文献一覧 158

第1章

保育相談支援の意義

§1 保育相談支援とは

1．保育相談支援の意義

　2008（平成20）年の保育所保育指針改定にともなって指定保育士養成施設の修業教科目が改正され、保育相談支援（演習）が新設されました。その目的は、心身ともに健全な児童の成長を図るため、保護者の養育に有効な支援を行うことにあります。2003（平成15）年に保育士は国家資格となり、2001（平成13）年改正の児童福祉法第18条の4に子どもの保育と同時に保護者の保育に関する指導を行うことと、業務内容が規定されました。これまで、児童の保育・養育を業務としていた保育士の役割が拡大されたのです。この規定にともなって保育士養成カリキュラムには初めて保護者対応を修得する「家族支援」の教科目が新設されましたが、今回の「保育相談支援」は保育所保育指針第6章に新設された「保護者に対する支援」に基づいて家族支援の専門性、実践性をいっそう高めることを目的として設置されたものです（2017〔平成29〕年の保育所保育指針の改定により保護者支援や地域活動事業は、第4章「子育て支援」に引き継がれています）。
　保育相談とは、おおむね就学前の乳幼児の保育に関して、保護者等（近親者、近隣の人々を含む）の疑問、質問、相談に応じることで、支援という言葉が示すように、保護者等が自ら考え、工夫して乳幼児を育てていくことができるように支えていくことです。児童福祉法第18条の4では保護者の「指導」という言葉が用いられていて、保育士主導のニュアンスを感

じますが、保育所保育指針では保護者への「支援」という表現となり、保育士は保護者を援助する役割となっていることに注目しましょう。

なお、「はじめに」でも述べましたが、本書では「保育所保育指針」およびそれに関連する解説については「保育士」として表記しますが、これから保育士をめざす学生のみでなく、幼稚園教諭をめざす学生にも理解してほしい内容でもあることから、保育士に限定せず「保育者」として表記しています。

2．保育相談支援の対象

（1）児童福祉施設入所児童の保護者

子どもの健やかな成長には児童福祉施設の保育士と保護者の協働が不可欠です。とくに保育所や障害児通所施設のようなデイケア施設では、日々、保護者とふれあうことが多いので、これまでも保護者支援は実施してきました。しかし、社会状況の変化にともなって、近年では、「子どもの特性を理解できない」、「情報の氾濫するなかでわが子に適した育児方法がわからない」、「仕事や家族関係のストレスで、育児に労力をかけられない」などの葛藤を抱いている保護者が少なくありません。さらに価値観も多様で、子どもの成長に適した生活を選択する必要性を理解できない保護者もいるようです。施設に預ければ子どもは育ててくれるものと考えている保護者にとっては、「相談」など無用なものと考えている場合もあります。保育者にとって、保護者対応はむずかしい業務になりつつあるのが現状です。しかし、子どもにとって親はかけがえのない大切な存在です。子どもを愛し、慈しんで育てられるよう、保護者の相談に耳を傾け、励まし支えていくことは子どもの願いに応えることでもあるのです。

（2）地域で家庭保育されている児童の保護者

在園児の保護者だけが保育者の相談支援の対象ではありません。都市

化、核家族化の進展は家庭の養育能力を希薄にし、「子育てのノウハウに迷う保護者」、「養育代行者がいないので、片時も子どもから離れられず、自分の時間をもてないというストレスを抱えた母親」「家庭内にも近隣にも相談する人がいないので育児に不安を抱く親」などが大都市の家庭保育の実態です。とくに保育所にも幼稚園にも就園していない乳幼児をもつ母親の「孤独な育児」をいかに支援していくかが課題です。1990年代中頃に浮上した「公園デビュー」は、近所の児童公園に母子が集まり、育児などの情報交換をしながら、仲間づくりをする母親たちの自主活動でしたが、社会問題となる事件も起きてしまいました。2005（平成17）年には改正した児童福祉法が施行され、子育て中の親が相談をしたり、親子が地域の仲間と交流できる場として「つどいの広場事業」が始まりました。地域のボランティアのほか、保育士、保健師、栄養士など専門職もかかわるようになりましたから、児童福祉施設以外の場でも保育相談支援の活動が展開されています。

3．家庭の変容と保育相談支援

（1）ひとり親家庭の増加

　2009（平成21）年の国民生活基礎調査によれば、母子家庭は年を経るごとに増加し、とくに最近3年間の増加は著しいと思われます。父子家庭も増減に変動はあるものの、やはり最近3年間は増加しています。ひとり親家庭は保育所利用率が高いだけでなく、就労、育児、家事を1人で担い、心身の負担は大きいと考えられます。とくに父子家庭では、ワーク・ライフバランス（仕事と家事・育児の両立）をとることがむずかしいうえに、育児以外の家事能力も必要で、そのことが重荷となる場合も推察できます（図表1、2参照）。

　また、平均世帯人員の年次推移をみると、ひとり親と未婚の子のみの世帯が最近3年間に急上昇しています。

§ 1 保育相談支援とは **15**

年　次	総　数	ひとり親と 未婚の子のみの世帯	
	推計数（単位：千世帯）	推計数（単位：千世帯）	構成割合（単位：%）
昭和 61 年	37,544	1,908	5.1
平成元年	39,417	1,985	5.0
平成 4 年	41,210	1,998	4.8
平成 7 年	40,770	2,112	5.2
平成 10 年	44,496	2,364	5.3
平成 13 年	45,664	2,618	5.7
平成 16 年	46,323	2,774	6.0
平成 19 年	48,023	3,006	6.3
平成 20 年	47,957	3,202	6.7
平成 21 年	48,013	3,230	6.7

資料：厚生労働省「平成 21 年国民生活基礎調査の概況」より抜粋

［図表 1］世帯構造別にみたひとり親世帯の年次推移

年　次	世帯類型	
	母子世帯	父子世帯
	推計数（単位：千世帯）	
昭和 61 年	600	115
平成元年	554	100
平成 4 年	480	86
平成 7 年	483	84
平成 10 年	502	78
平成 13 年	587	80
平成 16 年	627	90
平成 19 年	717	100
平成 20 年	701	94
平成 21 年	752	93

資料：厚生労働省「平成 21 年国民生活基礎調査の概況」より抜粋

［図表 2］世帯類型別にみたひとり親世帯の年次推移

16　第1章　保育相談支援の意義

（2）児童虐待の増加

　厚生労働省の報告によれば児童虐待の総数は年々増加していることがわかります（図表3、4参照）。この図表3では、0から3歳未満児と3歳から学齢前を区分していますが、保育に相当する年齢区分で見ると2004（平成16）年以降は15,000件を上回り、2007（平成19）年には17,000件を超えています。さらに図表4を見ると、虐待者の6割以上が実母、2割以上が実父であることがわかります。

　虐待の原因は複合していますが、なかには子どもの泣き声や尿失禁などがあげられており、生後早くから子育てに戸惑う様子がうかがえます。このことは「子どもを知らない親」の増加、「親自身の未成熟さ」など、家庭保育を支援する体制が重要であることを示唆しています。都市化、核家族化の進行している地域では、家庭が閉鎖的になり、子育ての負担感はいっそう強まります。

	平成15年度	平成16年度	平成17年度	平成18年度	平成19年度	対前年度	
						増減数	増減率
総　数	26,569	33,408	34,472	37,323	40,639	3,316	8.9
0〜3歳未満	5,346	6,479	6,361	6,449	7,422	973	15.1
3歳〜学齢前	7,238	8,776	8,781	9,334	9,727	393	4.2
小学生	9,708	12,483	13,024	14,467	15,499	1,032	7.1
中学生	3,116	4,187	4,620	5,201	5,889	688	13.2
高校生・その他	1,161	1,483	1,686	1,872	2,102	230	12.3

資料：厚生労働省「平成19年度社会福祉行政業務報告（福祉行政報告例）結果の概況」

［図表3］被虐待者の年齢別対応件数の年次推移

§1 保育相談支援とは　17

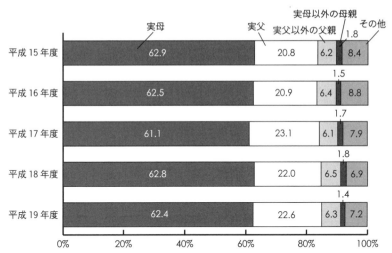

資料：厚生労働省「平成19年度社会福祉行政業務報告（福祉行政報告例）結果の概況」

[図表4] 児童虐待相談の主な虐待者別構成割合

(3) 共働き家庭の増加による要保育児童の増加

　男女雇用機会均等法が浸透してきたこと、育児休業制度が普及してきたことなどにより、結婚や妊娠による女性の離職は減少してきました。図表5からわかるように共働き世帯は年々増加傾向です。2009（平成21）年

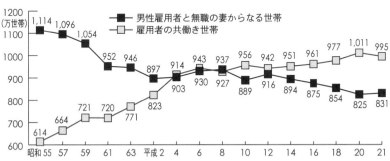

（備考）1．昭和55年から平成13年は総務省「労働力調査特別調査」（各年2月。ただし、昭和55年から57年は各年3月）、14年以降は「労働力調査（詳細集計）」（年平均）より作成。
　　　　2．「男性雇用者と無業の妻からなる世帯」とは、夫が非農林業雇用者で、妻が非就業者（非労働力人口及び完全失業者）の世帯。
　　　　3．「雇用者の共働き世帯」とは、夫婦ともに非農林業雇用者の世帯。

資料：内閣府男女共同参画局「平成22年版男女共同参画白書」

[図表5] 共働き等世帯数の推移

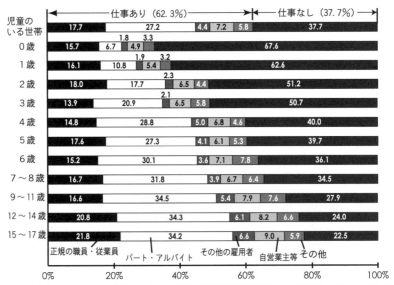

[図表6] 児童のいる世帯における末子の年齢階級、母の仕事の有無、勤め（勤め先での呼称）か自営か別構成割合

度国民生活基礎調査によれば（図表6参照）児童のいる世帯で「仕事あり」は62％強で、「仕事なし」の約38％と比べると母親の就業の増加が見られます。児童の年齢別で見ると、0歳の「仕事なし」が多いのは育児休業の普及が考えられ、2歳から3歳にかけて「仕事なし」が「仕事あり」に逆転していきますが、育児休業明けの保育の増加も考えられます。

また、少子化の進行による労働力不足を解消するには、専業主婦の就労が政策課題として期待されている社会状況もあります。さらに2009（平成21）年以降の世界同時経済不況で、リストラ、ボーナスカット、昇給ストップなどが続出し、世帯収入の減収を補うために、育児世代の「仕事あり」が急増しています。共働き家庭の増加は当然、保育所保育や学童保育を必要とする子どもの増加です。現在、大都市を中心に保育所入所申請を

しているのに定員超過のため入所できない児童が増え「待機児童」と呼ばれています。待機児童の多くは3歳未満児、とくに育児休業明けの1歳児に集中しています。

事例 1 保育所に入所できない

1歳の子どもを育てている専業主婦の加奈恵さんの家庭では、昨年、ボーナスを支給されませんでした。月給が入るだけでもありがたいと考えて、家計のやりくりをしながら暮らしていましたが、この春から、その月給も減額されることになりました。手当てのカットにより、実質、収入ダウンになったのです。加奈恵さんは再就職を決心し、就職活動を始めましたが、子どもをつれての活動は思うようにいきません。そこで、働くためにはまず、子どもを預かってくれる保育所を探すことが先決であると思いました。しかし、保育所はすでに就労していて、今、子どもが保育を必要としている人に限られ、加奈恵さんのようにこれから働きたい人は対象外であることを知り、呆然としています。

（4）家庭の保育力の低下

「地方から出てきて親戚も友達もありません。私が熱を出して寝込んだときは本当に困りました。主人は3日も休むわけにはいきません。ベッドの中から子どもに言い聞かせても2歳の子どもは聞き分けがありません。イライラして子どもを叩いてしまいました。泣き出した子どもの声を聞きながら私も泣きました」

「子どもと2人きりの時間が多くて疲れがたまり、子どもにやさしくできません。おむつ替えがうまくできなくて泣かれるとイライラして、足を強く押したり、大声でどなったり、わざと部屋を暗くしたり、このままでは手を出してしまいそう……」

これらはK市の「育児に関するアンケート」やインターネットの子育てホームページに寄せられた母親たちの声です。都会の片隅で子育てを助けてくれる人もなく、孤独に暮らしている母子の姿が見えてきます。

核家族化の進行する今日、祖父母から子育て経験を聞くことも手助けを得ることも少なくなりました。また、近所づきあいが少なくなったことからも、気軽に相談できる人がまわりにいなくなりました。一方では育児書、育児雑誌、テレビ、インターネットなどから過多ともいえる情報に接して、若い夫婦は自分の子どもにどれが適しているのか迷ってしまいます。とくに困るのは3歳未満児の育児のようです。言葉による明確な意思表示がないので、子どもの心を読み取る感性や細やかな観察などが必要となります。さらに少子化の進行により、親が子どもの遊び相手をしなければならない家族が多く、結局子どもが起きている間中、親には自由な時間がないということになります。最近、幼稚園の2歳就園が増えていますが、幼稚園、保育所を含め、家庭の子育てが社会に流出するようになってきています。子育て支援というよりも、家庭と社会の共育てといったほうが適切かもしれません。

少子高齢化社会の進行とともに地域から子どもの姿が見えなくなり、子どもの特性を親が把握できなくなりました。また、高学歴志向の増大によって、子育てコストも高くなり、親たちは少なく生んで大切に育てようとしています。子どもに関心が集中すれば心配事も増えてきます。少子化時代だからこそ、保育者は保育相談を通して、子どもの自然な育ちの姿を伝え、親たちの悩みに応えていく必要があるのです。

（5）子ども仲間の減少

　少なくとも日本経済の高度成長が始まり、都市化、核家族化が進行する以前（およそ1960年前半頃）までは、子どもはきょうだいや近隣の子ども仲間のなかで育ってきました。異年齢交流も自然に図られ、大きい子どもは小さい子を助け、小さい子は大きい子を頼って遊びのなかからさまざまな生活スキルを獲得してきました。もちろん、このような肯定的な関係だけではなく意地悪、競争、反抗、がまんなどの体験もありましたが、深刻化することはなく、それらの経験が社会性の発達に役立ってきました。しかし、少子化の進行によって子どもは近所に遊び仲間を得る機会が少なくなりました。

　先にあげたＫ市のアンケートからも次のような話が聞かれます。

　「子どもが小さいうちは自分の手で育てようと思っています。でも狭いマンションに母と子といつも2人ぼっち、近所には子どもがいなくて遊

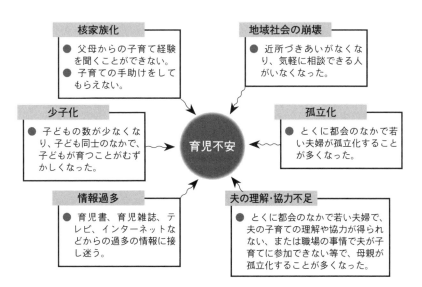

［図表7］保育相談支援が求められる理由

相手もいません。いつも散歩の途中にある保育園を門の外からのぞいています。子どもがたくさんいて、楽しそうに遊んでいる様子をわが子もジーッと見ています。働いていない母親をもつ子どもには保育園の門は固く閉ざされています。ときどきでいいから、あのなかで遊ばせてやりたいと思いながらさびしく帰ってきます」

4．保育相談支援の経過

　児童福祉法のなかで相談支援が取り上げられるようになったのは1963（昭和38）年、当時の中央福祉審議会が社会変動にともなって変容した家庭と児童の問題を提起し、子どもと家庭を一体として考えていく方向を示唆してからです。

　以下、子育て支援に関するこれまでの経緯を見てみましょう。

（1）エンゼルプラン策定前
① 家庭児童相談室——1964年

　都市化が進み、既婚女性のパートタイマー就労、青少年の盛り場進出など家庭生活の有様が急速に変化しました。子育ての悩みや問題を抱える家庭が増え、地域のなかに児童問題の相談に当たる場が必要とされました。児童相談所よりも身近な相談機関として、福祉事務所内に設けられたのが家庭児童相談室です。市町村の非常勤職員が相談業務を担当しており、保育士は直接関与していません。

② 乳幼児健全育成相談事業——1984年

　1976（昭和51）年に当時の厚生省から「都市児童健全育成事業」の実施が通知されました。これは都市化とともに子どもたちは遊び場を失い、地域の連帯意識は希薄になって、核家族が孤立するという状況を改善するために地方自治体が取り組む事業です。青少年の健全育成、家庭や地域の

教育力の充実、児童育成クラブ（学童保育）、母親クラブ、地域子育て支援センター事業などがおもな内容ですが、その事業の1つとして1984（昭和59）年に乳幼児健全育成事業がスタートしました。その動機は1981（昭和56）年に中央福祉審議会が日本の出生率の低下を取り上げ、乳幼児をもつ家庭の支援対策が必要と提言したことによります。この事業の実施主体は児童福祉施設ですが、実際には地域内にもっとも多く設置されている保育所が行うこととなりました。通称「保育所の育児相談」として普及したのは1997（平成9年）年頃からです。

（2）エンゼルプラン策定後

① 地域療育等支援事業── 1996 年

　指定を受けた障がい児（者）施設に在宅福祉を担当する専任職員を配置して療育サービス等を行うとともに、在宅の心身障がい児（者）とその保護者の相談・指導を行っています。訪問や面接、電話相談のほか講習会の開催、情報誌の発行、ボランティアの育成なども実施しています。

② 児童家庭支援センター── 1997 年

　虐待や家庭内暴力など家庭内に潜行する問題を地域内で早期に発見し、敏速に対応することを目的に創設されました。児童相談所では地域に密着した相談をしていくことに限界があるので、地域の児童福祉施設、機関を活用して総合的・専門的な相談・指導を行うこととしています。児童本人や保護者、地域住民などからの相談に応じるほか、家庭訪問による援助、夜間の相談体制などもとられています。このセンターは主として児童養護施設に付置されています。

③ 保育士国家資格と保護者支援── 2003 年（施行）

　保育士が国家資格となり、その業務内容に保護者等への子育てに関する指導が加えられました。園庭開放や地域の親子を対象としたイベントなどにより、保育所の存在が地域に浸透していくにしたがって、保育相談支援

が普及しつつあります。

④ 次世代育成支援対策推進法と地域子育て支援── 2005 年（施行）

　少子化対策である次世代育成支援対策推進法の制定にともない、児童福祉法が改正され、市町村は子育て支援事業を強化することとなりました。親と子の育ちを地域で支え、家庭のなかだけの孤独な育児をなくしていくことを目標に、地域子育て事業、つどいの広場事業、児童養護施設や乳児院の相談支援、幼稚園の教育相談などが推進されています。地域子育て事業は地域の子育て家庭を対象に育児に関する相談、地域の子育てサークルの育成、地域の保育資源に関する情報の提供などを業務内容とし、主として保育所の保育士が担当しています。つどいの広場事業は子育て相談や親子が交流・情報交換のできる場を提供するなどの事業を行っています。ＮＰＯを始め、さまざまな主体が児童館、地区センターなどの公共施設、余裕教室、空き店舗などを活用して実施しています。

⑤ 認定こども園と保育相談支援── 2006 年

　就学前の子どもに関する教育、保育等の総合的な提供の推進に関する法律が制定され、総合施設の名称は「認定こども園」となりました。保育所対象児と幼稚園対象児を同時に保育することに加えて、地域子育て支援センターを設置することが定められました。地域子育て支援センターは相談活動を行うこと、親子の集う場を週３日以上開設することとなっています。

● 今後に向けて

　国は少子化対策、とりわけ都市部の保育所入所待機児童の解消策としてこども園構想を拡充する方針と伝えられています。現在の「認定こども園」を拡充するのであれば、すべてのこども園が保育相談支援を担うこととなります。

§2 保育所の特性を生かした保育相談支援

　前述したように、少子化対策の一環として、保護者の保育相談支援は児童福祉専門機関（保育所、乳児院、児童養護施設、心身障害児施設など）、保健所などの医療・保健機関などで展開されています。それらの機関のなかでもっとも活発に実施されているのは保育所です。保育所は児童福祉施設のなかでももっとも地域に浸透している身近な施設であると同時に、乳幼児の保育に豊かな経験と実績をもっています。加えて少子化時代に、子育て経験のない若い親にとってさまざまな発達年代の乳幼児の生活や遊びの実態を知ることができる身近で、貴重な場でもあるからです。このようにさまざまな子どもを保育するなかで蓄積された対応の仕方と、それに従事してきた保育者の力（知識と技術）を役立てないで、ほかにどんなよい方法と場があるでしょうか。まさに、保育所は地域の「保育相談支援」にうってつけの要素を備えているのです。

1．0歳から6歳までの発達段階の子どもがいる保育所

　保育所には地域の他の相談機関にない大きな利点があります。それは、0歳〜6歳までのさまざまな発達段階の子どもがいて、同年齢に共通して見られる発達と、同年齢でもそれぞれ個性があり1人ずつ異なる存在であることを実感できることです。1人か2人のきょうだい、しかも年齢差は3歳程度の核家族で育ってきた若い親たちは「子ども」についての理解が

十分ではありません。乳児が泣くことでコミュニケーションをとること、1歳児が1人で玩具の片づけができないこと、湯ざましが市販されていないことなどを知らない親は少なくないようです。さらにお稽古事や塾通いで「遊び方」がわからない、遊べないまま大人になった親はもっと多いようです。

2．保育所は子ども理解の宝庫

　そのような親たちにとって、保育所は「子ども理解」の宝庫なのです。相談内容にもよりますが、子どもとのかかわり方、育児方法、遊びなどは、詳細な説明を受けるよりも、保育所にきて、子どもたちの様子や保育者のかかわり方を見るほうがより多く育児のヒントになるようです。親だけでなく子どもも保育に参加できれば、友達遊びを体験したり、子ども仲間の模倣から生活の仕方を覚えていくようです。このような体験学習を取り入れることができるのが保育所の保育相談支援の特徴ともいえるでしょう。

　保育所ならではの相談事例をあげてみましょう。

 子どもが嫌がって歯磨きをさせられない

　2歳になる男の子のお母さんから「保健所で歯磨き指導を受けたが、子どもが嫌がって歯磨きをさせられない。保健師さんには叱られるし、子どもは泣いて抵抗するし、私はノイローゼです」という電話相談がありました。相談を受けた園長は、「親子で保育園にきて、2歳児クラスで保育を受けてみてはいかがですか。2歳の子どもたちの歯磨きの様子を見られるし、先生たちの歯磨き指導の方法も参考になるかもしれません」と提案しました。

　約束の日に親子が来園し、2歳児クラスで遊び、給食を食べたあと、園児

たちの「歯磨き場面」を体験しました。男の子は初回はその様子をじっと見ているだけでしたが、泣くことはありませんでした。子どもの希望でその後3回来園し、3回目には歯ブラシを口に入れ、保育者に大変ほめられました。その日の帰途、お母さんに「歯ブラシ買って」とせがみ、家でも歯ブラシを口にするようになりました。お母さんも保育者の穏やかな態度や言葉をまねて、焦らず歯磨き指導をしていくようにしています。

　この例は保育所の生活を体験したことで、問題解決法を親も子も学ぶことができました。このような具体的な方法は保育所でなければできない援助だと考えられます。

§3 保育学生と保育相談支援

● 1．保育相談支援を学ぶ意義

　保育相談支援は保育士資格を得るための教科目ではありますが、§1の1で述べたように、子どもが健やかに成長することを目的として保護者等の子育てを支援していく方法を学ぶ専門科目ですから、幼稚園教育の現場でも活用できるものです。幼稚園教育要領第3章　第2の2には「……幼児期の教育に関する相談に応じたり、情報を提供したり、……保護者同士の交流の機会を提供したりするなど、地域における幼児期の教育センターとしての役割を果たすよう努めること」と保護者支援を示唆しています。また、保育士資格や幼稚園教諭と同時に小学校教諭の免許を得ようとする学生にとっては、保護者対応はいっそう重要な課題です。

　保育学生が将来、保育士として、または幼稚園教諭として保育現場で働くことを想像したとき、かわいい子どもたちと遊ぶ楽しい日々をイメージすることが多いのではないでしょうか。たしかに世間一般では、保育職の対象は子どもという印象をもっています。しかし、保護者との協働なくしては乳幼児の健やかな育ちは保障できません。

　子どもにとって親は大切な存在です。しかし、最近は子どもが親に発信しているメッセージを的確に受け止められないケースも増えています。子どもの気持ちを通訳してあげることからでも保育相談支援は始められるのです。

2．保護者世代とのかかわり

　保育学生より年長で、学生自身の親よりは若い世代が子どもの保護者世代です。日常、かかわることの少ない年代ですから、実習などの機会に保護者理解を深めましょう。入所施設では保護者と出会う機会は少ないと思いますが、保育所や通園施設では日々の送迎時に保護者の様子や親子関係などを見る機会があります。保育実習では実際に保護者の相談支援を実践するわけにはいきませんが、保護者の相談支援の手がかりを学ぶ機会として以下のような場面が考えられます。実習園の承諾を得たうえで見学をさせていただけると幸運です。

● 園庭開放

　地域の親子が園舎や園内で遊べるよう一定の時間を設け、担当の保育者が親子の遊びや会話にかかわっています。保育者と保護者の会話やかかわりのなかに保育相談支援が始まっていることに気づくかも知れません。

● 地域子育て支援センター

　地域子育て支援センターを併設している施設では、地域の親子が遊びにきています。専任の保育者が遊びのヒントを提供したり、子育てに関する情報を伝えたりしています。その際の保護者の様子、保育者の対応を通して相談支援の手がかりを学ぶことができるでしょう。

● 保育参加

　保護者の保育実習または保育ボランティアのようなものです。保護者支援に意欲的な園では、在園児の保護者や地域の子育て中の親子が保育体験をする機会を提供しています。直接的な指導・助言はなくても保護者は保育者の言動から保育のノウハウを学び取っていくようです。その様子を見ることも相談支援の意義を理解することに役立ちます。

● 連絡帳

子どもの様子、悩み事、伝えたい出来事などが記載されたノートで、とくに3歳未満児や障がいのある子どもの担任と保護者の間で交換されています。子どもの様子、保護者の気持ち、保育者の対応が学べます。最近ではノートのほかメール交換もあるようです。

● 苦情解決制度

2000（平成12）年に社会福祉事業法が社会福祉法と改正され、福祉施設の利用は従来の措置から選択利用へと制度が変わりました。これにともなって、利用者の施設への要望・意見を受けつける窓口を設定し（苦情解決制度）、受けつけた要望・意見の内容、それに対する施設側の対応を利用者に公開しなければならないこととなっています。この制度を積極的に活用している施設では、その内容を利用者の目に触れやすい場所に掲示しています。

それらをよく読むと、苦情解決制度が保育相談支援につながっていることを理解することができます。

演習課題 1

次のうちあなたが関心の深いものをいくつか選んでください。簡単なレポートにするか、グループで話し合ってみましょう。

課題1 実母による子どもの虐待が増加している原因を考えてみましょう。

課題2 保育相談支援と少子化との関係を整理して、箇条書きにしてみましょう。

課題3 子どもと2人の日中の家庭生活を「孤独な育児」という母親の気持ちをあなたはどう思いますか。

[選択した課題]

[あなたの考え]

32　第1章　保育相談支援の意義

［選択した課題］

［あなたの考え］

保育相談支援の原則

§1 子どもの最善の利益
── 子どもの権利の擁護

　保育相談支援の対象は保護者ですが、目的は子どもの人権を尊重し、何よりも子どもの育ちにとって最善の利益となるよう配慮していくことです。乳児院、児童養護施設、保育所など家庭に代わって子どもを養育する場では、保護者の都合が全面に出て、施設利用者は保護者であるような錯覚を起こすことがあります。とくに近年は「働きたいが保育所が足りない」という声も多く、保護者の最善の利益と社会的養護を利用する権利が強調される傾向がありますが、本来、児童福祉施設は子どものためにある施設なのです。どんな事情であれ、家庭が子どもの保育をできない場合、社会は子どもの生活と成長を保障していく責務があります。その結果として、保護者は安心して働ける、病気療養に専念できるなどの効果があるのです。中心におくのは子どもの安定した生活と健やかな成長です。相談支援のゴールも「子どもの最善の利益」をめざしましょう。

1．保護者の主張と
子どもの願いの狭間に立つ保育者

　就労支援を前面に出した保育対策が進行し、開所時間も年々長くなってきました。子どもの最善の利益どころか、保育所は利用者の最善の利益を図るべきだと主張する保護者も増えてきました。お迎え時間を守らない、園の行事には参加しない、など保護者の強い主張のかげで、子どもの願いを汲み取り、苦労している保育者もいます。

事例3　お母さんが運動会にきてほしい ── 大切にしたい子どもの思い

　道子ちゃんは運動会に備えて苦手だった縄跳びを一生懸命練習し、上手に跳べるようになりました。担任の保育者がほめると「でも、お母さんこれないよね」とうつむいてしまいました。道子ちゃんのお母さんはこれまで1度も園行事に出席したことはないのです。新聞記者ですから、土日も休めず、日曜日はホリデー保育も利用していました。

　道子ちゃんは最年長組ですから、今年の運動会は最後のチャンスです。担任保育者にはお母さんに見てもらいたい一心で練習に励んでいた子どもの気持ちが痛いほどわかっていました。そこで送迎時に道子ちゃんの願いを伝え、運動会への出席をお願いしました。返事が得られないので、連絡帳やメールでも連絡をしたところ、お母さんからは次のような返事がきました。「働く親のためにある保育園なのに、仕事を都合して行事に参加せよとは本末転倒でしょう。子どもは大きくなるにつれてできることが増えるのは当たり前、そのたびに親が仕事を休むわけにはいかないのだから、道子を説得してあきらめさせるのがあなたの仕事ではありませんか」。

　この返信を受けて「私の仕事は何なのだ」と思いあまった担任は主任に相談し、園長も交えて次のような方針を立てました。「運動会までにはまだ日があるので、まずは忙しいと肩肘張って生きているお母さんに温かい言葉をかけ、保育所の生活に関心を寄せてもらえるようにする」ことでした。

　この事例は園長、主任、担任の協働でお母さんに毎日一声かけるようにした結果、運動会当日、お母さんが姿を見せ、道子ちゃんは縄跳びを見てもらうことができました。

2．育児能力の不十分な母親をもつ子どもを支えて

　保育所は就労支援のほか、障がい、病弱、高齢などの保護者の児童を優先的に受け入れています。そのような家庭では、保護者に代わって子ども

のケアを手厚くし、生活に必要なノウハウを指導しなければならないこともあり、福祉関係機関との連携が不可欠です。

保育所で育てる ―― 子どもの生活を支える

　明ちゃんは生活保護を受けている母子世帯の子どもで、お母さんには知的障がいがあります。日常の暮らしは民生委員さんやヘルパーさんの援助を受けてなんとかできていますが、子どもの養育はむずかしいと考えた福祉事務所の薦めで、明ちゃんは０歳から保育所で保育されています。お母さんは明ちゃんをとてもかわいがっていて、明ちゃんもお母さんは大好きです。「育児能力は不十分であっても明ちゃんから家庭を、お母さんを奪わない」という方針で関係機関が協力し合っていますが、明ちゃんの日常の世話はすべて保育所にかかっています。衣類は多めに保育所におき、着替えさせますが、パジャマのまま登園することもしばしばです。

　一番の難問は食事です。１日中、菓子パンとジュース、カップめんなど、育ち盛りの子どもに適さないものを食べさせることが多く、栄養士が一生懸命指導して、ようやく市販のお弁当を利用するようになりましたが、３食同じものを与えるなど目に余ることが多いのです。このような状況から、「明ちゃんは保育所で育てる」と全職員が覚悟し、登園時間も早朝から夕食の出る時間まで延長保育とし、日曜日以外はほとんど保育所で食べています。

　食事以外の身のまわりのこと（衣服の交換、片づけ、掃除など）も明ちゃんが１人でできるよう担任は意識して保育するようにしています。

　５歳になってから、クッキング保育なども取り入れ、栄養士も参加して明ちゃんを含む５歳児クラス全員が簡単な調理を覚えるようにしています。お散歩の折、地域の商店に寄り、買い物を経験することもあります。そのほかプール遊びの機会を利用して、体や頭を清潔にすることも指導しています。

　保育所の職員全員が願っていることは、明ちゃんが自力で生活できるようになり、お母さんを支えていけるようになることです。その第一歩を保育所が担っていますが、次はこの役割を小学校に担ってもらいたいと考え、小学校との連携を始めています。

§2 保護者の養育力の向上

1．保育相談支援のねらい

あらためて保育相談支援のねらいについて考えましょう。

まず第一にあげられることは、一時解決の身の上相談ではなく、親として自信をもって、長くつづけて、よりよい方向に子育てをしていけるように援助することです。

援助というのは相手がすべきことを代行するのではなく、相手が1人でできるようになるまで手助けをすることです。必要なときにはアドバイスをしたり、ときには一緒に行動したり、そばにいて励ましたりなど状況によって援助の具体的な方法は異なりますが、基本的な姿勢は親が自分で考え、自分で工夫し、自分で他の人の協力を頼んで、子育てをしていけるようになることです。

子育ては長い道程です。胎児期に始まり社会人になるまで子どもを育てていく過程にはさまざまな悩みやトラブルがあって当たり前です。親たちはそれらをすべて自力で乗り越えていくわけではありません。親族、友人、保育所、学校、その他の関係機関など、他者の知恵や力を借りることもあります。しかし最後に決断し実行するのは親自身なのです。

乳幼児期の育児を自力で工夫できなかった親は、思春期の子育てでは、もっとむずかしい壁に突き当たるでしょう。私たちは、長い道程の出発点にいる親たちのよきパートナーとして、子育てに自信をもてるよう支えていきましょう。そう考えると、保育相談支援は「私に任せなさい」と親の

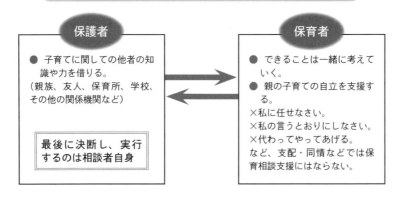

[図表8] 保育相談支援のねらい

すべきことを引き受けたり、「私の言うとおりにしなさい」と親を支配したり、あるいは「大変だから代わってやってあげましょう」と同情したりするものではありません。「できることを一緒に考えていきましょう」というパートナーの姿勢が、保育相談支援のねらいに相応しいものなのです。

このように援助という行為は親の立場に立って、解決策を考え、その親が取りかかれそうな方法を一緒に考えていくことです。

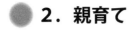 2．親育て

当然のことですが、子どもが生まれると同時に親になれる、子どもを保護する立場に立てる人はいません。多くの親は子どもができるまでは、自分中心に時間を使ってきました。しかし、子どもが生まれると同時に、時間の使い方を変えなければなりません。これまでの生活スタイルも子ども中心に変えなければなりません。これは多くの親が直面するストレスです。

坂崎隆浩は保護者支援について「子どもが3歳になったら保護者も親3歳というように、親として成長していくように支援するのが大事……」[1] と述べています。

少子化対策に追われる今日では、保護者の就労支援が保護者支援であるように受け止められがちですが、保護者支援とは本来「親の育児力を上げるためのサポート」なのです。児童福祉施設は子どもの発達を保障すると同時に保護者が親として育っていくこと、しかも親自身が気づいて、自ら実行し、親として成長していけるように方向づけをしていくことが大切です。

1）坂崎隆浩『保育維新2 保育園の子育て支援』世界文化社、2004年、p. 41

事例 5　オムツをはずさせたい！

家庭保育をしている勝也ちゃん（1歳8か月）のお母さんはトイレットトレーニングに一生懸命です。この夏、トレーニングできないと、来年の夏までチャンスはないと聞いているので、思い切ってオムツをとり、トイレにつれていくことにしたそうですが、勝也ちゃんはトイレにいくことを嫌がり、室内でお漏らしをしてしまいます。そんな日がつづいているうちに、勝也ちゃんはお母さんに隠れておしっこをするようになってしまいました。「たった1歳の子

どもになめられている」と思い、お母さんは育児に自信を失くしてしまいました。
　この相談を受けた子育て支援センターの保育者はお母さんと勝也ちゃんを保育園の1歳児室へ誘いました。勝也ちゃんはすぐに子ども仲間に入り、楽しそうに遊び始めました。子育て支援センターの保育者から連絡を受けていた担任はおまるで排泄をする子のそばにもう1つのおまるをおきました。勝也ちゃんはすぐに関心を示し、担任にパンツを脱がせてもらって、おまるに座り、ブーブーと声をあげ、すっかり電車ごっこの気分でした。
　お母さんは「叱る」「言い聞かせる」のほかに、遊びとつなげていく育児法があることに気づいたようです。

　通常、このような相談には子どもの発達の特性を説明し、おまるの利用や遊びを取り入れた育児法の指導が多いと思いますが、この保育者はそれらのすべてを保育観察によって、お母さん自身に学び取ってもらいました。お母さんは「子どもってこうやって育てるんですか」と感嘆し、その後はしばしば園庭開放などに来園し、相談していくようになりました。

3．子育ての楽しさを伝える

　子育ての大変さが強調され、負担感が先行しがちな現代ですが、子どもは日々成長し、変化していく興味深い存在です。保育者が発見した子どもの変化を楽しそうに保護者に伝えましょう。

 子どもって本当にかわいい ── 保育者の思いを伝える

　保育室の壁を伝い歩きしていた浩ちゃん（11か月）が突然、壁から手を離し、2、3歩、歩きました。発見した担任保育者は「浩ちゃん、歩いた」と

叫びながら思わず涙が出てしまいました。保育者の涙にキョトンとした浩ちゃんの表情が愛らしく、涙と笑いが止まりませんでした。その日の夕方、迎えにきたお母さんに保育者は今日の出来事を話し、「お母さん、ありがとう、子どもって本当にかわいい、転んでもがんばって立ちあがって、また歩こうとする浩ちゃん、すばらしい。私は浩ちゃんに出会えて幸せです」と保育者自身の感動を伝えました。

翌日、連絡帳にはお母さんから次のようなメッセージが寄せられました。

「夕べ、家でも２、３歩、歩きました。お父さんも私も本当に感激しました。子どもを育てているとこんな楽しいことを経験できるんだと２人で話し合いました。先生の感動には心から感謝しています。これからどんどん浩から感動をもらえそうです。私たちの知らない間にまた楽しいことが起こったら、教えてください。日曜日に浩に楽しいハプニングがあったら、私がお知らせしますね」

　子どもはおもしろい、さまざまな感動をもらえるのは子育てする人の特権、この貴重な機会を大切にしようと思えるよう親育てをしたいものです。

§3 守秘義務

1．相談で知り得た内容は すべてプライバシー

　相談で知り得た内容はすべて、保護者（相談者）のプライバシーです。相手は相談担当の保育者を信頼して話しているのですから、そこで話されたことはたとえ園内であっても、口外してはなりません。また、保護者のことだけではなく相談されている子どものことも口外してはならないのです。さらに、助言や指導のなかで具体的な誰かを例にするのもプライバシーの侵害になります。たとえば「××ちゃんも言葉が遅かったのですよ。今はとてもよくおしゃべりしますよ」とか「××ちゃんのお母さんも離婚問題で悩まれたころは、子どもどころじゃなかったのですって」などと、保護者を励ますつもりで言うことも個人の人権侵害です。悪意はなくても例に出された人が知ったら、どんな気持ちになるかを考えればこのような助言をしてはならないのです。

　次にあげる事例は新人保育者の失敗例です。

事例 7　保育職2年目の明美さんの失敗

　明美さんは、在職2年目を迎えました。仕事にも慣れ自信もついてきたために、母親たちからもさまざまな相談をされることが多くなりました。なかには、家庭不和の深刻な相談もあり、担任の幸也くんのお母さんの相談にものっていました。明美さんは毎日その日にあったことを夕食の席で話すのを

習慣にしていましたので、相談の内容がいつも家庭に伝わっていました。

家は食料品店を営んでいましたので、たまたま幸也くんのお母さんが買い物にきて、明美さんのお母さんから励まされ、仰天して園長に抗議したため、園の信用問題に発展してしまいました。謝罪をしましたが、許されず、幸也くん一家は引っ越してしまい、明美さんは責任を感じて退職しました。

（小林育子・小舘静枝編
『保育者のための社会福祉援助技術』
萌文書林、2002、p.52 より一部引用）

　相談ケースの方針を検討しなければならない場合やケース会議で検討する場合はこの限りではありません（最近は会議終了後、ケース記録を回収しています）。ケース研究会で相談の技術向上に役立てる場合は匿名にしたほうがよいと思います。

2．保育士の倫理綱領

　2003（平成15）年に全国保育士会が策定し、全国保育協議会総会と全国保育士会委員総会で採択された「全国保育士会倫理綱領」の4にプライバシーの保護があげられています（次ページ図表9参照）。全国保育士会倫理綱領は守秘義務以外にもこの章で解説している保育相談支援の原則が掲げられていますので、参考にしてください。

全国保育士会倫理綱領

　すべての子どもは、豊かな愛情のなかで心身ともに健やかに育てられ、自ら伸びていく無限の可能性を持っています。

　私たちは、子どもが現在（いま）を幸せに生活し、未来（あす）を生きる力を育てる保育の仕事に誇りと責任をもって、自らの人間性と専門性の向上に努め、一人ひとりの子どもを心から尊重し、次のことを行います。

　　　　私たちは、子どもの育ちを支えます。
　　　　私たちは、保護者の子育てを支えます。
　　　　私たちは、子どもと子育てにやさしい社会をつくります。

（子どもの最善の利益の尊重）
1．私たちは、一人ひとりの子どもの最善の利益を第一に考え、保育を通してその福祉を積極的に増進するよう努めます。

（子どもの発達保障）
2．私たちは、養護と教育が一体となった保育を通して、一人ひとりの子どもが心身ともに健康、安全で情緒の安定した生活ができる環境を用意し、生きる喜びと力を育むことを基本として、その健やかな育ちを支えます。

（保護者との協力）
3．私たちは、子どもと保護者のおかれた状況や意向を受けとめ、保護者とより良い協力関係を築きながら、子どもの育ちや子育てを支えます。

（プライバシーの保護）
4．私たちは、一人ひとりのプライバシーを保護するため、保育を通して知り得た個人の情報や秘密を守ります。

（チームワークと自己評価）
5．私たちは、職場におけるチームワークや、関係する他の専門機関との連携を大切にします。
　　また、自らの行う保育について、常に子どもの視点に立って自己評価を行い、保育の質の向上を図ります。

（利用者の代弁）
6．私たちは、日々の保育や子育て支援の活動を通して子どものニーズを受けとめ、子どもの立場に立ってそれを代弁します。
　　また、子育てをしているすべての保護者のニーズを受けとめ、それを代弁していくことも重要な役割と考え、行動します。

（地域の子育て支援）
7．私たちは、地域の人々や関係機関とともに子育てを支援し、そのネットワークにより、地域で子どもを育てる環境づくりに努めます。

（専門職としての責務）
8．私たちは、研修や自己研鑽を通して、常に自らの人間性と専門性の向上に努め、専門職としての責務を果たします。

社会福祉法人　全国社会福祉協議会
全 国 保 育 協 議 会
全 国 保 育 士 会

［図表9］全国保育士会倫理綱領

§4 受容的かかわり

1. 信頼関係の樹立

　一人ひとりの子どもの個性や発達の様子に合わせて保護者と保育者がともに考え、工夫していくためには、お互いの信頼関係が何よりも必要です。信頼関係をつくるにはまず、保護者の行動や考え方をあるがままに受け入れること、つまり、受容することです。保育に協力的でない、子どもの気持ちを思いやらない、過干渉、過保護など不適切な言動の多い保護者であっても、そのような態度も、何らかの事情によるものと考え、受け止めていかなければなりません。受容するのは不適切な行為にいたっている保護者の感情であって、行為そのものではありません。行為を受容するのではなく、その行為にいたった保護者の感情を受け止めるのです。
　たとえば、子どもを虐待する行為は「子どもの最善の利益」に反するものであり、人として容認されるものではありませんが、行為を責めるだけでは人は改善されません。複雑な人間関係や、親になりきれない心情などさまざまな事情が根底にあって、虐待という行動で表出されたのです。
　人の言動をその人のあるがままのものとして「受容」していくというのは、容易なことではありません。私たちはそれぞれ自分なりの価値観をもっていて、その考え方を通して他者を見ています。「受容」を考えるとき、同時に自己の価値観を考えておくこと、自分を知っておくことが必要になります。

事例8　お母さんのやりきれない気持ちを受け止める

　1歳8か月の祐樹ちゃんは夜泣きがひどく、お母さんはほとんど眠ることができません。そのうえ、昼間も泣いてばかりいて、食欲もなく、とても手のかかる子どもでした。
　夜泣きがつづいた日の明け方、ついに、お母さんは感情を抑えられず泣く子どもの口をタオルでふさいでしまいました。泣き声が止み、ホッとしてタオルを離すと、子どもはぐったりしていました。慌てて、抱き上げ、体をゆすったところ、祐樹ちゃんは弱い声をあげ、大事にはいたりませんでした。
　お母さんはこのときの気持ちを次のように話しています。
　「出産については夫婦間でけんかが絶えず、夫は「親にはなりたくない」というメモを残して家を出てしまいました。中絶するお金がなくて迷っているうちに出産の日がきて、生まれてきた子どもは夫によく似た男の子でした。ミルクの呑みは悪く、よく泣き、手のかかる子どもなので「夫と同じように私を困らせる」と思い、日に日に子どもが憎くなりました。一緒に部屋にいることさえ耐え難く思うようになっていました。あのときは積もり積もった怒りがこみ上げて……（どうなってもいい）と自暴自棄でした」

　この話を聴いた相談員は「長い間1人で苦しかったのでしょう」とお母さんのやりきれない気持ちを受け止めました。この言葉をかけられたお母さんはしばらくの間大声を上げて泣きました。

2．倫理観・価値観

（1）倫理観・価値観とは

　倫理観は人の行動の規範としての道徳観、善悪の判断基準となる価値観のことです。国家資格をもつ専門職にある人々はその属する職業にかならず倫理綱領があり、保育士も倫理綱領を掲げ、それを遵守して働く職種です。綱領が掲げる倫理観をもつことによって、保育職であるというプライドをもち、保育職らしい生き方や人間観をもとうとする「価値観」が身についてきます。人間にはその人独自の価値観があり、保育職としての倫理観と自己の価値観とが合致していれば、保育実践は円滑に進められますが、自己の価値観と保育職としての倫理観にズレがあれば、保育実践はかなりのストレスをともないます。子どもや保護者の言動が自己の価値観にそぐわないと相手の言動は受け入れがたく、子どもや保護者も敏感にそれに反応し、双方の関係は緊張したものとなります。

　価値観とは、人が生活のなかで「好ましいもの、大切なこと」として受け入れ、自己の行動の規範としている考え方のことです。人はこの規範によって、意識的または無意識に自己の対応の仕方を決めています。「考え方が同じ」という理由で親しい友を選び、仲良しグループをつくるのは価値観が類似しているからです

　対人態度だけでなく、もっと大きな次元で私たちは生き方を選択しているはずです。ある人は「物質的な豊かさ」を最高の価値とし、金品を蓄えることに関心があり、また、ある人は「心の豊かさ」を価値とし、人間関係や自然環境とのかかわりを大切にします。さらに具体的な価値観としては「人に迷惑をかけない」「自分のことは自分でする」「何よりも身体を大切にする」など、人それぞれに生活のなかで価値をおいているものは異なります。「人に迷惑をかけない」「自分のことは自分でする」という価値観をもつ保育者は一見、自立的で望ましい人材のように思われますが、自分に厳しい分、他者にも厳しさを求める傾向があります。

「保育者の手をわずらす子」「親として・大人としてふさわしい行動をとれない保護者」などへの許容度は低くなってしまうのです。

（2）価値観は変われるか

　価値観の基盤は乳幼児期からの生活経験（家庭、保育施設、学校での教育やしつけ）で培われるので、簡単には変わることができませんが、成長するにつれ、自分で意識して身につけることもできます。○○学校の生徒らしさ、○○スポーツの選手らしさなどがそれです。とくに自分が同一化できる集団や組織に属した場合、価値観が変わることはあります。保育経験が長ければ、子どもや保護者とのかかわりから多様な価値観を知り、保育職にふさわしい倫理観・価値観を身につけることも多いのです。

　まず、自分自身の価値観に気づくことが必要ですが、自分のことは意外に自分がわかっていないものです。他者の言動から、自分がどのように見えているのか、冷静に読み取ること、できれば率直に伝えてくれる親しい仲間をもち、その言葉に耳を傾けるゆとりある心をもちたいものです。

演習課題 2

　次のあげる1〜4の課題について、順を追って考え、あなたの価値観について考えてみましょう。

課題1　つきあいたくない人、できれば接触を避けていたい人はいますか。それはどうしてなのでしょう。

[あなたの考え]

課題2　あなたの苦手な子どもはどんな行動をする子でしょうか。

[あなたの考え]

50　第 2 章　保育相談支援の原則

課題 3　あなたが好ましいと思っている人間像をあげてください。

［あなたの考え］

課題 4　あなたの価値観について考えてみましょう。

［あなたの考え］

保育相談支援の進め方

§1 より効果的な保育相談をするために

1. 保護者の生活・行動特性を理解する

　親の育児の間違いを指摘し、助言することはさほどむずかしいことではありません。しかし、客観的にみて相談担当の保育者の言うことが妥当であっても、親の育児態度の改善につながらないことはよくあります。そのようなことが起こるのは、育児が知的な理解で行われるのではなく、親と子の感情的なつながりのなかで展開されるものだからです。親の心理や性格によって育児行動がどう違うかを考えてみましょう。

（1）親の性格と育児行動のかかわり

　気が短く、待つことが苦手な親は、子どもが行動を起こす前に手や口を出してしまい、結果として子どもの育ちを妨害してしまうことがあります。また、不安をもちやすい親は子どものことがいつも心配で、子どもが困らないように立ちまわるため、子どもの自立心が育たなかったり、子どもに圧迫感を抱かせたりします。さらに未成熟な親は子どもがわずらわしかったり、逆に子どもに密着するあまり、必要なしつけもできないことがあります。子どもに対する拒否と密着の両極の行動を過度にとる場合、虐待が起こることはしばしば報じられています。このような育児態度は親の心理や性格と深いかかわりがあることを考えて相談に当たらなければなりません。

　育児相談や教育相談で親への助言指導のなかに、「もっとお子さんと遊んでください」、「もっとお子さんとかかわってください」などが多く聞か

れますが、これらの助言は相手の性格や行動のもとにある心理をよく見極めて行われなければ役に立ちません。なぜ子どもと遊べないのか、なぜ子どもとかかわれないのかをまず考えましょう。そのような育児方法を知らないだけでなく、「そうしたくない」あるいは「そうできない」親の感情があるはずです。育児行動、育児態度は知識よりも感情に根ざしています。そしてそれらの感情は性格とも深いかかわりをもっています。

　ある母親が筆者に寄せた質問のなかに、次のようなものがありました。「5歳の男の子が1日中ベタベタと私に触りたがります。弟がいるせいで、やきもちをやいているのかもしれないので、私ががまんすればよいのですが、すごくストレスになるのです。なんとかやめさせる方法はないでしょうか」。母親は知性では子どもの気持ちも、自分のとるべき態度もわかっているのです。わかっていてできないのは、ベタベタ甘えられるのが嫌だという感情です。おそらくこの母親は子どもの甘えを受け止められない心理状態なのでしょう。

　また、親の性格によって子どもの行動の受け止め方が異なり、それによって子どもへの対応も異なります。乳児の夜泣きを例に考えてみましょう。

事例 9　乳児の夜泣き

　麻梨亜ちゃんの母親は未成熟な性格で自己中心的です。子どもが夜泣きを始めると、「私を困らせている」、「許せないわがまま」と受け取って泣きやまないわが子に怒り、罵倒する、叩くなどの攻撃的な行動に出てしまいます。これが高じると虐待となる場合もあります。

　真沙斗くんの母親は几帳面で完璧癖のある人です。子どもが夜泣きを始めると「私の世話の仕方が悪いのだ」と考え、必死になって止めようとします。育児書を見ながら、オムツがぬれていないか、おなかがすいていないか、衣類に問題はないかなど、考えられる限りの努力をします。それでも育児書どおりに子どもが泣きやまないと子育てに自信を失い、落ち込んでしまいます。

> 渚紗ちゃんの母親は穏やかで、落ち着きのある成熟した人です。夜泣きが始まると、まず子どもを抱き、やさしくなだめながら育児書で覚えた対応をしてみます。泣きやまなくても声の調子は変えず、子どもが落ち着くまで根気よくつきあう決心をします。

夜泣きは多くの母親を悩ます問題ですが、母親の性格によって受け取り方が異なり、子どもへの対応も異なります。したがって、保育者はそれぞれに適した援助をしていかなければなりません。

次の例も親の性格が大きく影響しています。

事例 10　自分勝手で乱暴な子

　龍介くんは1人っ子です。お父さんは倉庫で働いていて、外見はおとなしい人ですがお母さんにはよく乱暴をします。お母さんはお父さんよりも8歳年上で、いつもお父さんの機嫌をうかがってオロオロしています。そのお母さんが病弱なため、龍介くんは5歳になってから入園してきましたが、4月早々から園の有名人になってしまいました。友達の靴は勝手にはく、気に入った給食は他児の分まで手を出す、保育中に勝手な行動をするなど自由奔放に振る舞うのでクラスの嫌われ者です。友達に非難されると相手を突き飛ばす、遊具を投げつけるなどの乱暴をします。保育者が注意すると保育室を出て、園庭やトイレでいたずらをしています。お母さんに園生活での状況を話し家庭での様子を聞きましたが、家では猫を相手におとなしくテレビを見ているとのことでした。初めての集団生活で龍介くんが戸惑っているように思われましたが、園と家庭とでは龍介くんの行動があまりに違うので、担任が家庭訪問をし家での龍介くんを知ることにしました。
　龍介くんの家は3畳と6畳の2間しかない小さな借家ですが、6畳が龍介くんの部屋になっていて、ベッドやテレビのほか高価な猫がいました。猫の餌は龍介くんの注文で、コマーシャルに出てくる高価なペットフードだということです。担任は一見して、龍介くんがこの家の王子様であることに気づきました。

§1　より効果的な保育相談をするために　55

家庭訪問を機にお母さんは保育園でよく話していくようになりました。その話のなかから、お母さんは龍介くんの言いなりになっていることがわかりました。お母さんは子どものころから病弱で結婚も出産もあきらめていたのですが、35歳でようやく龍介くんを産むことができました。産後は高血圧、心臓病などで悩まされていますが、龍介くんの要求はすべて叶えてきました。健康に自信のないためか気が弱く、いつも周囲に気づかい、人の言いなりになって生きてきました。お母さんの内気で依存的な性格が龍介くんを暴君に育てたものと思われます。

　以上、養育者である母親の性格傾向が育児に及ぼす影響をあげてみましたが、父親の性格が及ぼす影響も多大です。ただし、子どもが幼いうちは父親の性格が直接子どもに影響することは少なく、父親の性格が母親の育児行動に影響し、それがさらに子どもに影響するという間接的なものになるようです。

（2）育児行動は親の親から伝えられる
① 元の家族との関係を今の家族に再現する

　私たちの生活行動を振り返ってみましょう。高度の情報文化が発達してきた現在、昼間は近代的なオフィスでコンピュータを操作している人で

も、家庭に帰ったあとの生活行動は新しい文化に即したものでしょうか。食事や入浴の仕方、衣類の整理法などなど、例をあげるときりがないほど、日常生活行動は子どものころから身につけた方法を繰り返し行っています。コンピュータのようにある時期からバージョンアップして変わるというわけにはいきません。

　育児も生活行動と同様、長い年月、親と暮らしたなかで見覚えたものが再現されてきます。つまり、育児行動は生活行動そのものです。整理整頓を口やかましく注意されて育ってきた人が、自分の子どもに同じように整理整頓を厳しく注意する、「勉強しなさい」と親に言われるのをわずらわしく思った人が、自分の子どもに「勉強しなさい」と口やかましく言うなどは、日常よく聞かれる例です。『家族診断の研究』で著名なアッカーマンは、結婚して家庭をもった男女は元の家族——原家族——との関係を今の家族——現家族——に再現すると主張しています。幼児期から身につけた人間関係のもち方、生活の仕方などが新たに自分のつくった家庭にもち込まれるのです。

　もちろん、夫と妻の両方がもち込んでくるのですから、2人の間で考え方、振る舞い方の違いが出てくるのは当然です。育児に関していえば、子ども観やしつけの方針が父親と母親の間で一致しないこともめずらしくはありません。多くの親は異なる育児文化を何とか調和させて子育てに当たるのですが、その調整に失敗すると子どもにさまざまな負担がかかるようになります。

② 家族には、それぞれの価値観と生活方針がある

　また、日常の具体的な生活行動を支えるものとして、家族の価値観（何をもっとも価値あるものと考えるか）があります。ある家族は資産を増やすことを第一に価値あることとし、ある家族は世間体を大切にし、さらに別の家族は日々を楽しく過ごすことを目標とするというように、それぞれの家族の生活指針があるわけです。家族のこのような価値観も生活を通して子どもに伝えられていきますが、その多くはとくに意識されていません。

子どもに問題が起こって初めて、育児方法の根底にある価値観の存在に気がつくといったほうが適切かもしれません。

　今日、問題になっている「虐待」の世代間伝達は、育児文化が親の親から伝えられる代表的な例です。西澤哲は「虐待傾向のある親の半数近くが子どものころに虐待的な環境で育ったということになる」と説明しています。また、虐待の世代間伝達のメカニズムとして、「虐待を受けて育つことによって、暴力をしつけの方法として学習してきたわけである」とも述べています[1]。

　このように文化が急速に変化する時代であっても、育児文化は世代を超えて引き継がれていきます。保育者の相談支援で親の行動を変えるのがむずかしいと感じるのはこのような強い要因があるからです。

　　1）西澤哲『子どもの虐待』誠信書房、1994 年、p. 70

● 2．相談の場づくり

（1）相談の場所

　児童相談所など相談専門機関では、相談の場は主として専用の相談室ですが、保育相談支援の場は多様です。

- ・子どもを送迎する際の保育室や玄関、園庭
- ・子育て支援センターの室内や遊び場
- ・地域住民に園庭・園舎を開放している場
- ・子どもの施設で保護者が面会にきた際の面会室など
- ・子どもが施設から外泊する際

などなど、保護者と保育者が日常出会う場のすべてが相談の場になると考えてください。そこで「相談したい」との意思表示があれば、落ち着いて話せる場所への誘導が必要です。

　「相談」という明確な意思表示ではなく、質問という形で保育者のアドバイスを求めてくることはよくありますが、簡単なアドバイスや情報提供

ではすまないのではないか、質問の裏にもっと重い問題が潜んでいるのではないかと感じたときには、「お時間があれば、少し話していきませんか」などの声をかけて、相談のできる場所へ誘うことも必要です。

（2）相談の場づくり

　落ち着いて話し合うことができるための部屋は「相談室」「面接室」と呼ばれ、児童福祉施設の多くが設置していますが、相談専用の部屋が確保できない場合は相談コーナーを設けましょう。その際留意することは次のようなことです。

- ・人の出入りが多く、話の内容が聞こえるような場所に設置しない
- ・間仕切り、カーテンなどでなかにいる人が見えないようにする
- ・事務器、書棚など、人の出入りを必要とするものをおかない
- ・電話は他の部屋に切り替えられるようにしておく

　相談にきた人が安心して話せる場にしておくことが大切です。室内装飾も落ち着いた雰囲気になる程度にとどめましょう。相談は常に相談室内がよいとも限りません。相手の様子、一緒にきている子どもの様子によって臨機応変に場所を考えましょう。廊下のすみの椅子、庭のすみのベンチなども用意しておくとよいでしょう。電話相談を受ける場合は専用の電話を対応しやすい場所に設置しましょう。

（3）曜日、時間の設定

　相談日と時間を設定しましょう。毎日か、曜日を決めるか、時間は何時から何時までか、担当の保育者の業務量や保育プログラム、行事予定などを考慮しながら無理なく継続できる計画を立てましょう。また設定した曜日、時間以外に相談者が来園した場合の対処方法も決めておきましょう。

3．相談にかける時間

　あらかじめ予約のできる状況であれば予約制にし、始めの時間と終わりの時間を明確に伝えましょう。相談の担当の保育者も約束の時間は守らなければなりません。仕事の都合で遅れたり、キャンセルしたりすることは、相談にくる保護者の信頼を失うことになります。

　相談にかける時間は通常、50分から1時間が適当です。短くても30分はかけないと、問題の内容や相手がどのような解決を望んでいるのかなどを把握できません。緊急に解決を要する事態は別ですが、通常はこの1時間前後を目安にし、それ以上、相手が話したい場合は次の相談日を予約するようにしましょう。相手のペースに巻き込まれて面接を終わるタイミングがつかめなかったり、善意のあまり相手が話し終わるまで面接をつづけるということは、決して望ましいことではありません。次の相談日までの間隔は1週間から2週間程度です。

　相談時間の制約や次の相談日まで待つという制限は、必然的に相談者自身が自分で問題を考えたり、整理していくことにつながります。これらの制約なしで相手の望むままに面接していると、相談者は自分で取り組まなければならない「子育て」を担当者任せにしてしまいます。制約は、一見、冷たいように感じられるかもしれませんが、実は「子育て」の長い道程を親自身の力で歩いて行けるよう援助する有効な方法なのです。

保育相談支援の実践

　相手の話をよく聞くことから始めましょう。相談を申し込んできた人は話そうと思ってきているのですから、担当の保育者が温かく迎え入れれば困っていること、悩んでいることを話し始めるでしょう。そのなかで問題の概要や解決したいこと、今まで努力したこと（誰かに相談したり、育児書を読んだり、どこかへ相談に行ったり）などが、当然、話題になると思います。しかし、ときには、感情の整理がつかず、何がどう困るのか、どうしたいのかが把握できないこともあります。

　たとえば「3歳になっても言葉が出ない」と相談にきた母親は、その前日に姑から「少し遅れているのではないか」と言われたことから、パニックになり、「遅れているのでしょうか。遅れていたらどうしよう」と泣くばかりでした。言葉がまったく出ないのか、少しは単語が出るのか、姑以外の人はどう言っているのか、どこかへ相談に行ったことはあるのかなど、もっと聞いてみなければ状況はわかりません。

　稀には泣いただけで相手は気持ちが落ち着いたのか、礼を言って帰る場合もありますから、それでも十分に相談の意味はあるのですが。しかし多くの場合、泣いて気持ちがスッキリしただけではすみません。その場合は相手の話を聞いているだけでは相談を受けた側の判断に必要な情報が不十分となります。

　そこで相談で確認しておきたい事項を以下にあげてみましょう。これらは話のなかで自然に得られれば、無理に聞き出す必要はありません。また、たずねる場合も一問一答になったり、また調査にならないよう留意しましょう。

- 主訴の確認（相談したい問題、または困っていることは何か）
- 問題の経過（いつごろから始まって、どのように困ってきたか）
- これまでとってきた処置または工夫

これらの事項をもう少しくわしく検討してみましょう。

1．主訴の確認

　主訴とは相談にくる保護者がもっとも解決を望んでいることです。「夜尿」の相談を例に考えてみましょう。「夜尿の相談」だけでは主訴とはいえないのです。夜尿の何に困っているのかを確認しなければなりません。子どもの夜尿を治したい場合、夜尿の後始末に困惑している場合、夜尿のためにお泊まり保育を悩んでいる場合など、もっとも困っていること、つまり主訴はそれぞれ異なるのです。それに応じて相談を受ける側の対応も違います。夜尿の相談だからといってすべて夜尿を治したがっているとは限りません。後始末が楽になれば、お泊まり保育の問題さえなければ、夜尿はもう少し気長に対処していこうと考えているかもしれません。したがって同じような問題でも一律には対応できないのです。そこで保護者が1番解決したいことを確認する必要があるのです。

2．問題の経過

　いつごろから始まって、どんな経過をたどっているかを把握しましょう。それは問題の重さや複雑さを知るうえで重要な情報になります。

　再び夜尿を例にすると、昼間のオムツがとれたころから5歳半の今まで、ずっとつづいている場合と3歳半ころから夜のオムツもとれていたのに、5歳になったころから夜尿をするようになった場合とでは、原因は異なります。前者の場合には、トイレット・トレーニングをどのようにしたかが問題です。後者の場合は5歳になったころからずっと引きつづいているのか、時折なのかも問題の原因を考える重要な手がかりです。また夜尿

が始まったころ、子どものまわりに何か変わったことがあったのかも話題にする必要がありそうです。このように経過を知ることは問題解決の鍵になるだけでなく、経過を話しているうちに親自身が原因に気づくこともあります。

3．これまでの対応

3歳になっても言葉の出ない子どもの例で考えてみましょう。およそ3つのタイプが考えられると思います。その1つは、姑に言われるまで問題だと気づかなかったので、どこかへ相談に行くことも育児書を読むこともしなかったお母さんです。つまり子どもの発達をほとんど知らない親だと考えられます。2つめには、言葉が遅いのではないかと気になりながら、第3者に言われるまでどこにも相談に行かなかったお母さんで、子どもの発達に問題があることを明確にしたくなかったのかもしれません。さらに、3つめには、言葉が出ないことについて、複数の保健医療機関や相談機関を訪ね、そのどこにも不満をもっているというお母さんで、どこかで言葉の遅れを否定してほしかったのかもしれません。

このように親がどのように対処してきたかを知ることは、その問題に対する親の心理や理解度を把握することにもつながります。すでに関係機関に相談したことのあるケースでは、どのような処置（助言、指導を含む）がなされたかを確認すると同時に、それでもなお、保育所などの児童福祉施設の相談を利用したい気持ちを聞きましょう。医者や保健師に求めるものと保育者に求めるものとでは親の気持ちは違うかもしれません。

4．アセスメント（事前評価）

相談で得た情報をもとに、以下のようなことを検討します。

§2 保育相談支援の実践 **63**

① 解決しなければならない「問題」は何か

② 原因と思われることは何か

③ 解決に向けて保護者はどのくらい積極的か

④ 解決するために他の資源が必要か（人材、制度、施設など）

　これらの内容を踏まえて今後の方針を決定しますが、その際、大切なことは相談者（保護者）にアセスメント（事前評価）の内容を説明し、保育者と保護者が一緒に考え、解決に向けて行動するよう方向づけをすることです。これが相談支援の基本です。

　継続ケースとして相談をつづける場合はもちろんですが、どんなに簡単な相談でも相談内容を総合的に整理・検討しておかないと、次のステップである対応・介入（インターベンション）に移れません。

事例 11　離乳食について教えてください①

　６か月になる恵美子ちゃんのお母さんから「離乳食について教えてください」との電話がありました。電話では十分に伝えられないので、保育園にきていただくことになりました。「保健所の健診で、離乳食を始めなさいと言われ、冊子ももらったし、本も買ったが、初めてのことで、これでよいのかと心配……」ということでした。一緒につれてきた恵美子ちゃんはとても元気そうで順調に育っているという印象を受けました。

　相談担当の保育者は、

　・家族構成

　・これまでお母さんが恵美子ちゃんに与えていた離乳食の内容、量

　・近所に同年齢の子をもつ友人の有無

　・育児に関するおばあちゃんの助言の有無

　・保健所の指導内容

などをたずねました。その結果、

　・核家族で、初めての子育て

　・越してきて２年目で、近所とのつきあいはない

> ・祖父母は遠方にいて盆暮れの交流以外はないし、育児に口を出されたくないので、電話で相談もしない
> ・保健所では生後1か月から果汁を与えるよう指導されていたが、つくり方がわからないので、まだ与えていない
>
> ということがわかりました。夫は残業が多いので、日常、家庭料理はほとんどつくらないので、調理器具も必要ない生活をしている様子でした。また、子育てのノウハウが伝わるような生活環境ではありませんでした。
> 　保育者のアセスメントは次のようなものです。
> ・問題はお母さんが離乳食に自信をもてるようになること
> ・離乳食のつくり方（当面は離乳食初期の献立で）の具体的指導が必要
> ・食べさせ方もわからないようなので、0歳児の食事の様子を見学する
> ・食事をつくることの楽しさを実感する
> ・栄養・調理の専門家である栄養士の参加が有効
>
> 　保育者のプランをお母さんに伝え、賛同を得たので、栄養士を交えて今後の日程を相談しました。

5．インターベンション（対応・介入）

　相談を受けた問題は内容と解決目標に応じて、適切な処置がとられます（ケースワークの専門用語ではこれを処置といわず処遇といっていますが、人間を対象に処遇というのもあまり好まれていません。この本では対応という用語を使用します）。相談の受けつけから対応にいたるまでの過程には、相談の担当保育者の判断が重要な役割を果たします。相談にくる保護者の話を聞きながら、担当の保育者は問題は何か、どんな解決を望んでいるか、保護者にできそうなことは何かなどを考え、どのような対応をするか判断をしているのです。

（1）助言・指導

　問題が複雑でなく情報を提供すれば、保護者が自分で子育てしていけそ

うな場合に用いられます。たとえば子どもの世話の仕方、発達に適した遊具や育児用品の選び方、離乳やトイレット・トレーニングなど、子育てのノウハウに関する説明やアドバイスは初めての子どもをもつ親にはとくに有効です。ただし、これまでどのような情報を得ているか（育児雑誌や友人から）を確認したうえで、情報不足の相手には適切な説明を、情報過多で混乱している相手には情報の整理をしながらアドバイスをしましょう。また、情報を提供したあと、それについて質問や疑問を十分に聞きましょう。助言や指導をしたままで終わることのないよう留意しましょう。

（2）継続面接

　家族関係がからむ問題や、育児不安など親の心理的動揺が認められる場合はまず、相手の気持ちを十分に聞くことが必要です。それだけでもかなりの時間がかかりますから、1回の面接では無理でしょう。まして、助言・指導ですぐに解決できるとは思えません。相談者である保護者と相談の担当保育者の信頼関係（ラポール）をつくるなかで、子育ての楽しさを知り、育児に自信をもてるようになるのです。保護者に継続して来園する意志があれば継続相談にしましょう。また、保育者の対応が適切であれば、相手は話を聞いてくれる、理解してくれるという期待から面接の継続を希望するものです。

（3）面接以外の方法を活用した継続相談

　保育に参加して子どもの発達や遊び、生活の世話の仕方などを学ぶ体験保育をする、園で開催している地域活動や子育てグループの話し合いに参加するなどがその例です。一対一の面接よりも豊かな経験ができ、子育て仲間も得られる利点があります。ただし親の心理的な問題が大きかったり、家族関係のトラブルが問題の場合には不向きです。

66　第3章　保育相談支援の進め方

（4）他の機関への紹介

　保育相談のすべてを保育所を始めとする児童福祉施設で解決しなければならないわけではありません。保育者の保育実践の経験を活用するのが主目的ですから、その範囲をこえる問題で他に適切な機関があれば、そこを紹介しましょう。たとえば子どもの慢性疾患や発達障がいの判定、親の失業や病気による生活困難、離婚による親権問題、強度の育児ノイローゼなどは医療機関、福祉事務所、家庭裁判所を利用したほうが適切でしょう。ただし単に「福祉事務所へいったほうがよい」というような紹介の仕方ではなく、紹介先の機関の機能や場所、電話番号、利用方法（予約制か、否かなど）を説明し、相談者である保護者の利用意志を確認しましょう。すでにそれらの機関を利用して不満足で、保育所などの児童福祉施設に相談にきたという場合も考慮しなければなりません。保護者の身になって紹介できるよう、地域の関係機関をよく知っておくことが大切です。子育てネットワークの会合を利用して情報を得たり、見学をして資料を集めるなどの配慮が望まれます。そのようにして得た情報から地域資源簿を作成しておくと便利です。

　前述の事例11の恵美子ちゃんの離乳食の相談について、次のような対応が行われました。

事例 11　離乳食について教えてください②

　約束の日に担当保育者も同席して、栄養士は離乳食初期の献立表と、必要な器具を用意し、お母さんに「一緒につくってみましょうね」と声をかけました。小鍋、乳鉢、乳児用の食器など一つひとつがお母さんにはめずらしく、「かわいい、つくれるかしら」と言いながら、真剣に調理を覚えました。この間、恵美子ちゃんは0歳児室で遊ばせていましたので、でき上がった離乳食は、0歳児室でお母さんが恵美子ちゃんに食べさせることになりました。お母さんは同年齢の子どもの食事介助をしている保育者の言動を模倣しながら、

自分のつくった離乳食を恵美子ちゃんに食べさせました。
　お母さんの食事介助は大成功で、０歳児クラスの保育者たちから、「上手にできたわね。もう大丈夫」と励まされました。

6．関連機関との連携

　保育相談支援は相談を担当する施設内で、それぞれの専門性を活用して解決できるケースばかりではありません。ときには、よりよい支援のために、相談に関連ある他の施設から情報を得る必要が生じたり、あるいは他機関と協働して解決に当たらなければならない場合があります。次の２つの事例で検討してみましょう。

事例12　他の施設から情報を得る必要が生じたケース

　４歳児クラスに難聴の敬ちゃんがいます。補聴器をつけて登園はするのですが、敬ちゃんは気にいらないらしく、保育者が目を離すとすぐにその補聴器をはずしてしまいます。気をつけていないと保育者の声も聞こえないのではないかと思い、再三、注意をして着用させています。４歳児なので一斉保育も取り入れていますが、敬ちゃんは１人で行動することが多く、とくに困るのは、お誕生会など合同保育の際、逃げ出すことです。１人でクラスに戻って絵本を見ているので、敬ちゃん自身は困らないようですが、担任としては集団に適応できないことが、敬ちゃんの課題だと思っていました。衣服の着脱、排泄などの生活行動は自立しているほか、絵を描いたり、製作をしたりすることも好きですから、知的な能力の問題ではないようでした。
　あるとき、いつものように敬ちゃんがはずした補聴器を、着用させる際、「先生が使っちゃうよ」とふざけて耳に当ててみると、雑音がひどく、聞き取りにくいことを発見しました。人の声も外を通る車の音も、どこから入ってくるのかわからない音楽の音まで、多様な音が耳に響き、初めて敬ちゃんが補聴器をはずしたがる気持ちがわかりました。お母さんにこのことを話すと、

大変驚いて、家でも確認することになりました。保育所よりは家庭での着用は雑音が少ないようでした。

　担任保育者は敬ちゃんのかかりつけの耳鼻科と連絡を取り、情報を得て、適切な対応をすることが必要と考えました。お母さんにそのことを伝え、耳鼻科との連絡の承諾を得ました。お母さんが耳鼻科で確認し、その情報を保育所にもってくるという方法もあるのですが、お母さんの希望どおり2人で耳鼻科医の意見を聞きました。

　結論としては、敬ちゃんの補聴器は家庭用を想定されており、保育所のような広い場、集団の場を想定していなかったということで、補聴器を調整してくださいました。

事例 13　他機関との連携

　剛くんの家庭は小学生のお兄ちゃんとお母さんの3人で、ひとり親家庭です。お母さんは知的障がいがあり、養育能力が低いので、剛くんは保育所に入所しています。しかし、お母さんが時間の管理をできないため、剛くんは決まった時間に登園できない、着替えや主食をもってこないなどが多く、そういうときは保育所で用意しています。欠席も多く、そんな日は食事も満足に与えてもらえず、お風呂にも入れてもらえないようです。登園する日が少ないのでたまに保育所にきても友達ができず、1人で遊んでいることが多いのですが、時折、わざと友達の遊びの邪魔をします。保育者に注意されると、悪態をついて暴れまわったりします。

　剛くんの生活を安定させること、何よりも登園することを第一目標として、欠席が2日つづいたら電話をすることにしました。

　しかし、お母さんが電話に出ない場合も考慮して、区役所に相談をしました。電話が通じない場合、保育所が対応できない場合は区役所の保健師が家庭訪問をしてくれることになりました。

　児童相談所とも連携を図り、定期的な家庭訪問と保育所来所をお願いしました。また、お兄ちゃんの通う小学校とも日常的に連絡を取り合い、出席状況や子どもの様子などの情報交換をすることにしました。

（小林育子・民秋言編『園長の責務と専門性の研究』萌文書林、2009、p. 125 より）

演習課題 3   69

　以上2つの事例をあげて、関係機関との連携の必要性を説明しましたが、とくに虐待ケースのような複雑・困難な事例は福祉、保健、地域の行政機関を超えて、医療、警察のほか、民生・児童委員などの地域資源とも連携しなければなりません。

演習課題 3

　次の課題について考えてみましょう。

課題1　あなた自身はどのような子ども観のもとに育てられてきたでしょうか。それに対して、今、あなたはどう考えていますか。

[あなたの考え]

70 第3章 保育相談支援の進め方

課題2 保育者にとって、関係の深い機関・法律について考えてみましょう。

［あなたの考え］

第4章

保育相談支援の技術

§1 保育相談支援の技術と留意点

1．相談の対象は成人

　保育の対象は子どもです。個人差はあるにしても、子どもの場合、感情表現は直截(ちょくせつ)で単純です。しかし、相談支援の対象は成人です。大人は子どもに比べて感情の表出は複雑、微妙です。言葉による表現と本心が不一致な場合が少なくありません。相談の担当保育者の指示や指導に賛同していなくても、「そうですね」「はい」などの肯定的な反応をすることはよくあり、保育者は相手が理解したものと受け取って、そのとおりに実行されると期待します。しかし、後日、指示どおりに事が進まず、保育者が相手に不信感をもったり、いらだったりし、援助関係にとって望ましくない状況になることがあります。このように、子どもとは異なる大人の言動があることを踏まえて、相談活動に当たりましょう。

2．問題がありながら援助を求めてこない人へのかかわり

　保護者自身が問題をもって支援を求めてくる場合は、相談を求めるニーズが相手方にあり、導入のための作業は必要がありません。ここで取り上げたいのは問題がありながらそれに気づいていない人、あるいは気づいていても支援を求めない人をどのように「相談のレールにのせていくか」ということです。専門用語ではこれを「危機介入」といいます。もちろん、「問題を抱えていても援助を求めない選択権」は誰にでもあるのですが、

§1 保育相談支援の技術と留意点 **73**

そのために他の人の生活が著しく阻害されている場合は、放置するわけにはいきません。

　もっとも典型的な例は子どもの虐待です。虐待ケースはほとんど相談にはきません。虐待していることに気づかず、しつけをしていると考えている親もいるし、虐待だと気づいていても支援を求めたくない親もいます。親たちにニーズがないからと放置している間に子どもの被害は深刻になっていきます。また、虐待のような重大な問題でなくても、子どもの保育・養護をしていくなかで親への介入が必要と考えられることはよくあります。

　例をあげてみましょう。

事例 14　給食を食べない子

　5歳になる発達に遅れのある蒼介くん。障がいの程度は軽く、日常の保育活動にはほとんど支障がありません。問題は給食です。スープ、お茶など水分以外はまったく受けつけません。少しでも食べさせようとすると激しく泣き、さらに働きかけると保育室から脱走してしまいます。保護者と連絡をとっても「無理に食べさせないでください」というだけで、解決の手がかりがありません。

　担任の連絡を受けて相談担当者が介入してみることになりました。担当者は毎夕、親の迎えの時間に玄関に立ち、親たちに声をかけ、蒼介くんの母親にも同じように「お帰りなさい」とあいさつをしていました。ある日、たまたまその母親1人なのを見計らって「これからお買い物？」と話しかけ、帰宅後の家事などを話題に立ち話しをしました。話しながら母親が涙ぐんだのを担当者は見逃しませんでした。

　「お時間があるなら少し話していきませんか」と相談室に誘ってみると母親は担当者について部屋へ入ってきました。これを機に担当者と母親の面接が始まりました。そこでわかったことは蒼介くんは離乳をしていないということでした。「離乳をしようとしたけれど、嫌がって食べてくれないので腹がたってやめてしまいました。牛乳とジュースをやったほうが簡単だから」と

> 言い、「それではいけないと思うから保育園に入れた」とも言いました。さらにわかったことは、蒼介くんの育て方がむずかしいため、母親は子育てを放棄してきたということでした。「これじゃあいけないと思うこともあったけれど、むずかしいし、かわいくないし、もう、どうでもいいという気になって……」とその心境を語りました。
> 　その後、保育所では蒼介くんの離乳を始めることにしました。1さじ食べると母親に伝えているうち、母親も園と同じものを与えるようになりました。

　問題意識はあっても解決を避けている人に介入していくには、問題に直面させるのではなく、まず、その人との関係（ラポール）をつくることが必要です。

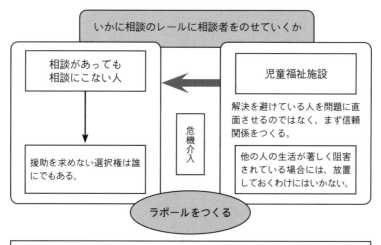

[図表10] 相談を求めてこない人へのかかわり方

● 3．面接の技術

（1）話しやすい雰囲気をつくる

　相談室内で担当の保育者と対面することは保護者の緊張を誘います。そこが問題解決の場であることを意識し、真剣に考えようとする姿勢になるためには適度な緊張も必要なのです。しかし緊張が過度になると相談している保護者は自由な発言ができません。そこで、担当者はまず、話しやすい雰囲気をつくりましょう。天候や利用してきた交通機関の話などは、よほど慣れていないと世間話に流れる危険性があるので注意しましょう。そのような会話が長引くと本題に入るきっかけを見失うこともあります。むしろ、やさしく温かい語調で「どんなことでお困りですか」「今日、お話なさりたいことはどんなことでしょう」「どうぞ、なんでもお話しください」など、すぐに本題に入ったほうがよい場合が多いのです。それでも相手が話し出せない場合は、「何か、話しにくいようですね」「緊張しちゃいますよね」など、その場の状況を話題にしてみるのも効果があります。また、保育者自身も緊張をほぐし、余裕ある姿勢になりましょう。「話を聴く」構えが強いと相手も構えてしまいます。

（2）傾　　聴

　耳を傾けて相談者である保護者の話をよく聴く、言葉を聴くよりも相手の心を聴くことを目的に集中して聴くことを傾聴といいます。最近ではリスニングマインドとも呼ばれています。これは技術というより、相手を大切に思う人間観の問題です。

　じっくりと話を聴いてくれる保育者に対して保護者は「本気で話を聴いてくれる人」「自分を理解しようと努力してくれる人」という気持ちを抱きます。自分をわかってくれる人の存在は人を勇気づけます。「いのちの電話」組織を始めたチャド・バラーは温かいまなざしと傾聴が自殺を思いとどまらせる効果があることを伝えています。悩みを聴いてもらうことで

人は生きる希望をもつことができます。このように傾聴は対人援助の基本なのです。

（3）単純な応答

相談している保護者の話を「聴いていますよ」という意思表示として短い応答をしましょう。「はい」「ふーん」「そうですか」「なるほど」など、相手の話をよく聴いていれば思わず出る相槌でもあります。日常会話でも「へー」「えー」「そうなの」などと反応しているのと同じです。それらの反応を聴くと保護者は「よく聴いてくれている」と確信し、さらに話をつづけようという気持ちになります。

（4）繰り返し（リピート）

保護者の話の語尾を保育者が繰り返し言うことによって、話が発展したり、深まっていったりします。例をあげてみましょう。

保護者　　「あのー　こんなこと話してよいか……」
保育者　　「話してよいかどうか」
保護者　　「ええ　子どものことって言いましたけど、本当は……」
保育者　　「本当は」
保護者　　「違うんです　私のことなんです……」
保育者　　「あなたのこと？」
保護者　　「私　子どもを育てるのが下手だし、もう自信なくて…」

相手が話そうかやめようかと迷っているとき、あるいは感情がこみあげて、うまく言葉で伝えられないようなときには、リピートは話を進める有効な手段となります。この例でわかるように、決して相手の話を先まわりして言うのではなく、話の語尾をそのまま繰り返すのです。あくまでも相手のペースに沿っていくことです。そうすることによって、保護者は話そうと決断したり、あるいは考えを整理しながら話していけるようになります。

（5）感情への応答

　話している事実（出来事）よりも、その話にともなって表出される保護者の感情に応答するようにしましょう。事実の受け止め方は多分に感情に支配されるからです。好ましくないと思っている人の言動は否定的に受け取れ、逆の場合には何をされても好ましく思えるものです。その典型的な例が夫婦の問題や子どもの虐待の問題です。

　生後5か月の乳児を養子に出した若い母親は、出産後、初めて子どもに対面したとき、「子どもが私をにらんだ。とても私には育てられないと思った」と言いました。その後も努力はしましたが、子どもをかわいいとは思えないので手放すことにしたそうです。すでに夫婦の間には別れ話があり、悩みながら出産した子どもでした。出生直後の乳児が母親をにらむはずはありません。もし、この母親が子どもの出生を待ち望んでいたなら、「生まれるとすぐに私をじっと見つめてくれた」という喜びの言葉になっていたことでしょう。この場合、「そんなことはない」と事実に応答するのではなく、「それはつらかったでしょう」「生まれたばかりの赤ちゃんに責められた気がしたのですね」とそのときの母親の感情に応答したほうが、理解されたという気持ちになります。

（6）沈黙への対し方

　相談中に相手が何も話さなくなることがあります。とくに初心者にとって「沈黙」は焦りと不安を募らせます。相手が沈黙すると「何か話をしなければいけない」と焦って、一方的に質問を浴びせたり、保育者自身の意見を述べたりしがちです。しかしそのような努力はほとんど意味がありません。まず、なぜ「沈黙になったのか」冷静に考えてみましょう。沈黙には何らかの意味があるはずで、およそ次のような場合が考えられます。

① 何を話したらよいか相手が整理できない場合

リピートの技法を使って、沈黙直前の相談をしている保護者の言葉を繰り返してみましょう。あるいは率直に「どうなさいました？」または「沈黙になっちゃいましたね」と状況を言葉に出してみるのもよいでしょう。

② 話している間に感情がこみあげてきて、言葉がつづけられなくなった場合

保護者の気持ちが落ち着くまで、静かに待ちましょう。しばらく待っても沈黙がつづくようなら、「今、何を考えていらっしゃいますか」とたずねるのも一方法です。

③ 相談にくることが不本意であったり、担当の保育者に反感や好ましくない感情を抱いている場合

沈黙をじっと待っているより、積極的に対処したほうがよいと思います。たとえば、「こちらへはどなたに勧められていらっしゃったのですか」「あまり気が進まないご様子ですね」「私に何かありましたら、ご遠慮なくお話しください」など、現状を打開する努力が必要です。

（7）信頼関係（ラポール）樹立に向けて

これまで相談の技術と題して説明してきましたが、実は特別な技術を身につければ相談ができるというものではありません。

ケースワークでもカウンセリングでも、もっとも重要なのは相談者と相談を受ける人、カウンセリー（カウンセリングを受ける人）とカウンセラーの関係のあり方なのです。相談の担当保育者が何を言ったか、何をしたかではなく、相談をする保護者と担当の保育者の間に人間として信頼し合える関係を樹立できたかということなのです。この節の冒頭に指示や指導は望ましくないと述べましたが、それも、まず信頼関係の樹立に主眼をおく意味からです。実際、具体的な生活問題の解決には情報を提供したり、適

切な社会資源を紹介するなどの指示は必要になってきますが、それも保護者と保育者の信頼関係がなくては活用されません。相談の成否の鍵となるのは技術ではなくラポールなのです。ではラポールはどのようにして樹立するのでしょうか。それ

は相談の担当保育者が人間を真に大切に思う心をどれだけもっているか、また、人間に対する感性をどれだけ備えているかにもよります。対人感性は先天的なものではありません。できるだけ多くの人と接する機会をもったり、事例研究をするなどの経験と訓練によって人に対する感性を磨いていきましょう。

● 4．自分を知ること

　対人援助を担当する人が自分についてよく検討しておくことを「自己覚知」といいます。前項の（7）で述べたように、担当する保育者の人間性は相談支援に大きく影響します。そこで自分はどんな人間であるか、どんなことに感動し、どんなことに不満をもちやすいか、どんなことに偏見をもちやすいか、他人の言動にどう反応する傾向があるか、他人にどんな印象を与えるかなどなど、自分の性格、行動、話し方全般にわたって十分に把握しておきましょう。客観的に自分を把握できていないと、相談支援場面で相手をあるがままに受け入れたり（受容）、相手の感じていることをともに感じ取る（共感）ことができません。

# 電話相談の技術と留意点

 1. 電話相談の意義

インターネットやメールを活用した相談や電話相談は広く活用されていますが、ここでは一般的な電話相談について説明していきます。

児童福祉の分野では、青少年対象の「すこやかテレフォン事業」、児童相談所の「子ども110番」、保育所の子育て電話相談などが実施されています。かつて相談は面接を主とするもので、電話相談は面接へつなぐ一時的な手段と考えられてきました。しかし、近年、電話相談は独自の役割をもち、面接相談とは異なる効果があると認められています。では電話相談独自の役割とは何でしょうか。およそ次の4点があげられます（電話相談をしてくる相手はかならずしも保護者とは限りませんので、以下、「利用者」といいます）。

（1）時間と距離の短縮

番号を押すだけの簡単な操作ですぐに相談が始められます。面接のように出向く必要はないので、身支度もいりません。移動や支度にかかる時間と経費が節約できます。とくに老人や障がい者のように外出が困難な場合、乳児や老人の世話で家を空けられない場合などは、生活の場で活用できる便利さがあります。また、未知のワーカーに会う不安や緊張もありません。携帯電話の普及もあり、電話で話すことはむしろ緊張のない日常的な行為なのです。「いつでも、どこからでも相談できる便利さ」が現代人の生活感覚にマッチしているともいえるでしょう。

（2）直接語りかける親近感

相手の耳に直接語りかけ、息づかいまで聞こえる独特の親近感は面接よりも濃厚です。また、対面が苦手な人でも機械に話しかけるのは抵抗がなく、親近感がありながら遠い関係にあることも利点となっています。

（3）匿名性によるプライバシーの確保

電話相談は利用者に匿名の自由があります。自分を明かさなくてもよいということは自尊心が傷つかないということでもあります。匿名だから安心して本音で話せるといえます。

（4）相談の主導権は利用者にある

電話相談は利用者の意志で開始されます。また意に沿わなければいつでも切ることができます。つまり始めることも終わることも利用者の権限なのです。ワーカーの対応が不快であれば、受話器をおろせば相談の関係は切ることができます。面接ではいったん部屋に入れば、主導権は相談を受ける側が握っていることになり、これほど自由に振る舞えないのが通例です。

2．電話相談の技術

基本的には相談支援の技術と同じですが、相手が見えないことから特別な留意点があります。

（1）話し方や音から利用者の心情や問題の切迫度を理解する

電話相談では利用者の表情や動作が見えません。それだけに保育者は全身をアンテナにして些細な情報までもキャッチしなければなりません。背後に聞こえる音などから電話をかけている場の見当がつき、その状況から相談の緊急度を推察することもできます。さらに、利用者の話し方や声の

調子からも問題の軽重をくみとることができます。また、保育者自身の話し方や声音<ruby>こわね</ruby>が相手にどのような印象を与えるか、十分に検討しておく必要があります。できるだけ温かく、穏やかな口調で対応しましょう。

（2）匿名性への配慮

　相手の住所、氏名を確認してから相談を始めるのは適切ではありません。利用者は問題をすぐに話し出すはずですから、まず、十分にそれを聴きましょう。

　問題を理解するために居住地域や年齢、職業などをたずねる必要がある場合は、その理由を説明して利用者の了解を得ましょう。匿名であるからこそ、家族間のトラブルや子どもへの拒否的な感情を赤裸々に語れる場合が少なくありません。電話相談は面接相談に比べて、利用者の感情の吐露が激しい傾向があるといわれています。心の奥底に秘めていたものを吐き出すことでカタルシス（感情の浄化）ができ、問題解決の道を利用者が自ら発見できるかもしれません。次の例は匿名の利用者に、名乗ることを勧めて失敗した事例です。

事例 15　名前を教えてほしい ── 電話相談の場面で

　保育所の育児相談に未婚の母から電話相談がありました。

　最初の主訴は子どもの離乳のことでしたが、しだいに子育ての悩みから将来への不安を訴えるようになりました。

　延々と愚痴を話しては終わるというパターンの相談が数回つづき、保育者は利用者とラポールができたと考えました。そして「名前を呼びたいから教えてほしい」と伝えました。利用者はしばらく沈黙した末に電話を切りました。

　それ以来連絡はありません。保育者は名前をたずねたことが早計であったと後悔しました。

(3) 傾聴の技法をより重視して

電話相談では面接以上に傾聴が必要です。動作や表情を読み取れないだけに耳で聞き取る以外に方法はないのです。単純な応答やリピートの技法を取り入れながら利用者に十分に話をさせましょう。電話相談だから早くまとめなければいけないと焦る必要はありません。

(4) 時間の制限

面接相談の場合と同様に時間の制約はあらかじめ伝えておきましょう。相手が切らないと相談を終わることはむずかしいのですが、次回を約束して継続相談にする方法もあります。

電話相談は、面接による相談よりも感情が強く出されるようです。また、一方的に話すことも多く、何を相談したいのか把握しにくい場合も少なくありません。相手の感情に巻き込まれないよう、問題は何か、何をしてほしいのかを冷静に判断しましょう。これとは対照的にわずかな情報提供で答えを求めてくる場合もあります。その場合は一問一答にならないように留意しましょう。

84 第4章 保育相談支援の技術

♣ 演習課題 4

模擬面接をし、相談支援の実体験をしてみましょう。

課題1 面接による相談支援技術の練習をしてみましょう。
　　　　方　法：ふだんあまり話すことの少ないクラスメイトと2人
　　　　　　　　で1組になって、クラブ活動や趣味などを話題に相
　　　　　　　　談者する側と相談を受ける側になって、交代に面接
　　　　　　　　の体験をしましょう。
　　　　ねらい：単純な応答やリピートの技術を駆使して、相手に話
　　　　　　　　しをさせ、傾聴を実体験してみましょう。

課題2 課題1の演習から得た面接技術の体験・評価を話し合ってみま
　　　　しょう。始めは課題1の2人組みで行い、できれば他の2人組
　　　　みの意見も聞きましょう。

［模擬面接でのまとめ］

保育相談支援の技術を磨くために

§1 記録と評価

● 1．記録の必要性

（1）業務報告として

　保育所を始めとする各施設の業務として相談活動をするのですから、業務報告としても記録は残さなければなりません。また複数の相談担当者がいる場合、必要に応じて他の人も相談に当たれるようにするには、記録が不可欠です。

（2）相談者への対応が適切であったかを反省・検討するために

　記録をし、まとめていると、記録を書いている途中で、相談を受けているときには気づかなかった問題や相手の心理を発見することがあります。
　記録をつけていると、面接場面では気づかなかったことを発見したり、自分自身の態度を反省したりすることは少なくありません。記録をとることが相談技術の向上になっていくのです。例をあげてみましょう。

 事例16　記録をつけることによって気づくこと

　多動で家族や保育者を悩ませていた裕ちゃんは約1年間、継続相談をしているうちに、問題の原因と思われるお父さんとの関係が改善し、行動も落ち着いてきました。相談担当者は終結を提案しましたが、お母さんがもうしばらく様子を見たいというので、相談を継続していました。そんなある日、お母さんはいつになく少し遅刻をしました。面接室に入ると、この1週間の子

> どもの様子を話したあと、面接室の窓越しに見える春の花を見ながら感慨深げに、「去年と同じ花が咲いていますね」としばらく花の話題をつづけました。相談担当者が「今日はなんで花の話なのだろうか」と聞くと「遠いのに夢中で1年、きてしまったと思ったから……」と言い、なぜかその日はとりとめのない話で終わりました。
> 　担当者はその面接の記録を書きながら、あまり意味のない面接であったのはなぜかと、お母さんの話を思い返していました。そして「問題は解決し、お母さんは花のことしか話すことがなかったのだ」と気づきました。次の面接で担当者がそのことを伝えると、お母さんは「もう少しつづけてくださいと頼んだのに、私から終わりたいとは言い出せませんでした」と言いました。

(3) ケース会議や事例研究の資料として活用するために

　複雑・困難なケースや園全体で協力してかかるケース（前述した親子の保育体験など）について方針を協議するため、園内でケース会議を開く場合があります。また、相談技術を高めるために、事例をもとにケース研究会をすることもあります。そのような会議の資料としても記録は必要です。ただし相談内容は個人のプライバシーですから、会場を出たら他言しないこと、会議終了後、記録は回収することなど、細心の注意をしなければなりません。

2．記録の書き方

(1) 記録の取り方

　相談者の話は整然としているわけではありません。訴えている問題に付随して、いろいろな話が交錯することもあります。何をどれだけ記録にとどめればよいか、迷うことが多く、時間もかかります。忙しい勤務のなかで書ききれなくてつい後まわしになり、日が経つともっと億劫になるものです。したがって、できるだけ早く、相談担当保育者の判断で面接等の内容を要約し、記録していくことが望まれます。

相談が終わった直後に記録に残したい事項、発言内容等を箇条書きでメモしておくと、あとで役に立ちます（ある有能な園長は立ち歩きながら、どんどんメモを取り、ポケットのなかに入れているのを見て、筆者は感嘆したことがあります）。

要約は主訴（支援を求めている問題）を中核にして、主訴に関係深いと判断される内容を記録していきます。相談担当者の所見・意見もそこにつけていきます。ただし、相談担当者がなぜその所見を書いているのかわかるような、相手の状況を客観的に記載したものも必要です。

例をあげてみましょう。

相談者の所見	ありのままの状況
お母さんはとても落ち込んでいた →	お母さんは下を向いたままで、しばらくは話もしなかった
とても元気そうだった →	勢いよく入室し、大きな声であいさつした

左は相談者の所見です。右側はありのままの状況です。相談担当者の主観を避けるためには、右側のような記載をしましょう。

（2）記録の書き方

近年はパソコンを使用する施設が多くなりました。パソコンにデータがあれば、報告書の作成にもケース研究会の資料作成にも役立ちますので、パソコンの活用をお勧めします。ただし、相談関係の記録は守秘義務に反しないよう、保管に留意してください。

一般的な記録の一覧表（フェイスシート）の書き方を例示してみましょう（図表11参照）。フェイスシートのその後は事例の特徴によって記載内容が異なりますが、問題解決に必要な記載は次の事項です。

・問題の始まりと経過
・問題への取り組み経過（これまでのどのように対応してきたか、その経過）
・解決のためにこれまで利用してきた機関とその対応

§1 記録と評価 **89**

担当者名 **佐藤　正子**

相談日	○ 年 ○ 月 ○ 日 （時間 ○：○〜○：○）		
相談者氏名	高橋　洋子	年齢 35 歳	性別 女

住所または住んでいる地域
　　○○市○○町○丁目／戸建住宅／新興住宅地

家族構成（外来者の場合　匿名を希望する場合がありますので、無理はしない）
　　夫 38 歳／子ども（男） 5 歳／子ども（男） 2 歳／義母 62 歳

来所経路　　保育所での相談を行っていると市役所で聞き来所

［主訴］　　2 歳 11 か月になる次男のオムツが取れないので、姑との
　　　　　　仲がうまくいかない。

［問題への取り組み経過］
　トイレに誘うようにしたり、オムツを取ったりしているが失敗ばかり。家が汚れるたびに姑に小言をいわれる。最近では早くオムツの取れた長男とも比べるため次男は姑を恐がっているようだ。どのように解決したらよいかわからず初めて保育所に来所。

［相談担当者の対応内容］
　母親はオムツが取れない問題より、オムツの取れないことや長男と次男を比べる姑との関係の悪さを気にしているようだったので、現状の母親の悩みを聞いたあと、長男と次男の育った環境の違いを聞いてみた。長男は布オムツで次男は紙オムツとのこと。長男の際は働いていなかった姑の協力もあり布オムツで育てられたが、現在は姑も忙しく紙オムツとのこと。そのような違いを自分自身でも気づいた母親は少し気が楽になったようで、姑ともオムツの違いなどを話してみるといって帰宅した。

［相談担当者の所見・コメント］（上司や専門家から受けた指導内容）
　自分自身で納得し帰宅した母親の様子から、対応としてはよい。現状では次の面談の必要は感じられないが、母親から再度相談があった場合は、なるべく同じ保育者で対応するように。

［図表 11］フェイスシートの例

また、継続ケースになれば以下の記録も必要です。

・各面談ごとの要約

・相談担当者の対応内容

・相談担当者の所見（コメント）

3. 評　　価

（1）相談担当者自身の評価

　効果的な支援を行うには、相談担当者自身の評価が不可欠です。「問題解決に支援が役立ったのか」「一生懸命取り組んだつもりなのに、思うように進まないのはなぜか」などむずかしい相談になれば悩みはつきものです。利用者のせいなのか、相談担当者の責任なのか、それとも2人の間に信頼関係ができていないのかなど、相談担当者自身で評価することが必要です。

（2）上司の助言やケース会議での評価

　相談担当者自身で評価したうえで上司の助言をお願いする、あるいはケース会議に提出して他の職員の意見を聞いてみるなど、まわりの人にも検討していただきましょう。初心者はとくに他者から意見や助言を求める姿勢が大切です。

　上司からの指導やケース会議で検討したときの記録も記載しておきましょう。指導を受けた年月日、誰（上司や専門家の氏名）からの指導か、ケース会議の年月日なども記入しておきましょう。

§2 研修・研究

　援助は適切であったか、相談者である保護者のニーズを把握できていたか、今後どのように展開していくかなど、相談が終わるごとに検討していくことが必要です。まず、相談記録をつけましょう。記録の目的や書き方はすでに述べたとおりですが、相手の反応だけでなく相談の担当保育者自身の応答も記入しておきましょう。それが相談技術の向上に役立ちます。その記録をもとに以下のような機会をもつことが望まれます。

1. スーパービジョンを受ける

　相談支援に熟達した人から指導を受けることをスーパービジョンといい、指導をする人をスーパーバイザー、指導を受ける人をスーパーバイジーといいます。多くの場合スーパーバイザーは主任か施設長です。スーパービジョンを受けるには、まず、自分のわからないこと、できないことなど問題点を明確にしておかなければなりません。初心者だからと甘えた気持ちで「むずかしいから教えてください」と白紙状態でたずねても、あなたが何を求めているのか、何に困っているのかわかりません。困っていること、教えてほしいこと、あるいは今、工夫しているのが適切な対応なのだろうかなど、問題点が指導者によくわかるような準備をしてスーパービジョンにのぞみましょう。

　専門職を育てる本来のスーパービジョンは相談利用者とそれを受ける相談担当者の立場や状況をスーパービジョンの場で再現し、指導者の応答などから、対人援助の方法を学び取る、また、スーパーバイジーになること

によって相談利用者の立場や気持ちを理解するというねらいがあります。

　高度な専門性を必要とする相談機関ではそのようなスーパービジョンが行われていますが、保育の場では、まだ一般的ではありません。しかし、上司や専門家の指導を受ける際には、相談利用者の立場を経験するという意味も含まれることを心にとどめておきましょう。

2．ケース会議

（1）ケース会議とは

　ケース会議とは、保育中の子どもや保育相談支援中の保護者のなかで以下のような課題をもつ例を提示し、出席者全員で検討することです。
- 解決困難な事例
- 担当者以外の職員の意見を求めたい事例
- 施設職員全員体制でかかわる必要のある事例
- 保育・養護技術や保護者支援の専門性を高めることに役立つ事例

などを取り上げ、担当者が事例を報告し、参加者全員で討議する会議をケース会議といいます。1つの事例を深く掘り下げて検討することは、担当者のみでなく、全員の保育・養護技術や保護者支援の専門性を高めることになります。

　現状では、定例でケース会議を独立させて設けている施設と職員会議の1議題として解決困難な事例を主として取り上げている施設、年に2、3回、勉強会としてケース会議を行う施設など、実施状況は多様です。

（2）ケース会議のもち方

　ケース会議のもち方について、順を追って以下に示します。
① 検討したい課題（テーマ）をあきらかにして問題提起する（問題点を絞る）。
② 解決に向けて意見を述べ合う。

司会者（進行役）は全員がそれぞれの立場から自由に発言できるよう、雰囲気づくりをする（アドバイザーの意見は、みんなの発言が十分出たあとに）。
③ ②を踏まえて、該当ケースの今後の方針を設定、確認する。
④ 経過報告の必要性を検討する。
⑤ 記録係は①～④の内容を記録する。
⑥ 必要に応じてケース会議の記録を読むことができ、守秘義務が守れる場所に記録を保管する。

（3）ケース会議に提出する記録の書き方
ケース会議に提出する際の記録は以下のとおりです。
① 問題提起（会議で検討してほしい課題を明記）。
② ケースの概要：年齢、性別、家族構成、保育歴、性格・行動特性など。
③ ①に関してこれまでどのように対応してきたかその経過。

提出する記録はあまり長くならないよう要点を明確にして、会議の場で読める程度の量にしておきましょう。守秘義務のため、資料は事前に配布できないことを念頭におきましょう。

3．研修・研究会

（1）施設外研修
① 研　修
児童福祉施設はかならず、同種の施設団体に属しています。たとえば○○市保育会、○○県保育会、全国保育協議会、全国児童養護施設協会など、地域単位から全国レベルのものまであり、そのうちの複数の団体に加盟しているはずです。加盟団体は年間かならず研修会を実施し、参加希望

を各施設に呼びかけています。研修は新人、中堅、主任、園長とキャリア別に組まれています。施設の都合によって出席者が決められます。

地域の行政機関が実施する研修会は大都市ほど活発なようです。

② 研究会

行政の後援を受けたブロック別（関東地区、東北地区など）研究発表大会、さらにその延長線上に全国レベルでの研究発表会があります。そのほか、民間レベルでの研究会や著名な研究者を囲む研究会などもありますが、これらはすべて有志の個人的な活動です。

（2）施設内（園内）研修──園内研修の課題

保育相談支援の質の向上に直結するのは目標を定めた系統的な園内研修ですが、長時間にわたる保育・養護と、それに対応する多様な勤務体制のなかで、園内研修を継続的に行うことは大変むずかしいようです。

保育所に関していえば、園内研修のための時間をいかに捻出するかは共通の課題です。現実には多くの園が子どもの午睡時間を研修に当てているのですが、延長保育の非常勤職員は研修に参加できません。そこで土曜日の午後、または平日の夜間を研修にあてている園も少なくありません。そのような機会を利用して、施設外研修を受けてきた職員が内容を伝達し、研修が全員に浸透するよう図られているようです。

一部の民間保育所では専門家をアドバイザーに招き、職員全員での園内研修や、グループ別に国内外の見学研修などを実施しているところもあります。

演習課題 5

次の事例を読み、対応を考えてみましょう。

事例　1歳児クラスで「噛みつき」のトラブルがありました。剛くんと健ちゃんは日ごろから一緒に遊んだり、おもちゃのとりっこで争ったりする仲で、どちらも負けず嫌いです。お昼の給食準備に追われている時間帯に、保育者がちょっと目を離したスキに剛くんが健ちゃんの頬を噛んでしまいました。歯型がわずかに残る程度の傷ですが、園医さんにつれて行き、手当てをしてもらいました。

降園時、保育者は健ちゃんのお母さんに事実を伝え、お詫びをしましたが、お母さんは「剛くんの家の電話番号を教えてほしい、直接謝ってもらって治療費も出してもらう」と言って聞きません。あなたがその保育者ならどうしますか？

[あなたの考え]

96　第 5 章　保育相談支援の技術を磨くために

［あなたの考え］

第6章

保育相談支援の事例

保育相談支援は保育所の実践が圧倒的に多いと思われます。その理由は児童福祉施設としては、もっとも地域に密着し、かつ施設数が多いので、利用者も多いということです。身近で気軽に立ち寄れ、そこに子どもの発達状況を知る手がかりがあること、育児に関する情報が容易に入手できることなどの利点があるのです。また、デイケアですから在園児の保護者は日常的に相談できる機会が多いのです。

　保育所以外のデイケアの児童福祉施設として、知的障害児通園施設や肢体不自由児通園施設などがありますが、保育所のように利用数は多くはありません。入所型の乳児院や児童福祉施設なども数は少なく、一般市民が日常的に利用するのはむずかしいこと、さらに入所施設ですから保護者と接触できる機会も限られてしまいます。したがって、保育所以外の児童福祉施設での保育相談支援は保育所よりも少ないという結果になります。

　そこで、この章では保育所の相談事例14例と保育所以外の児童福祉施設の相談事例6例をあげ、相談内容、保育者の対応、それに対する筆者のコメントを解説しました。

　保育・養護・療育現場での相談支援の実態を理解していただくとともに、それぞれの事例を、保育学生自身が保育者の立場にあったら、どのように対応するか、検討していただく一助としたいと考えています。

　なお、事例はすべて仮名です。

保育所の保育相談支援の事例

● 1．栄養・食事・生活習慣についての相談

ここでは乳児の離乳食についての相談や生活習慣をめぐる問題など、保育所の相談事例を取り上げ解説しました。保育者だけではなく、在園の栄養士や看護師などの専門職種とも連携して相談業務を行っています。専門職種による科学的な説明はいき過ぎ

るとむずかしくなってしまいますが、保護者を納得させる力はあるようです。

また、排泄、睡眠など生活習慣に関する相談は、栄養や食事の問題よりも、やや年齢の高い子どもの育て方の相談になるようです。栄養・食事・生活習慣の相談には家族全体の生活の仕方の再検討を考慮に入れてのぞむ必要がありそうです。

保育者ならではの温かい思いやりが感じられる助言・指導をぜひ参考にしてください。

100　第6章　保育相談支援の事例

CASE 1

ほとんど離乳食を食べなくって……、だいじょうぶでしょうか？

保育所・園内からの相談

　在園0歳児クラスの明日香ちゃん（8か月）のお母さんから「うちの子、もう離乳食への移行期に入っているんですけれども、ほとんど離乳食を食べないんです。だいじょうぶでしょうか？　保育園では食べてますか？」との話がありました。

　お母さんの話のとおり、明日香ちゃんは保育園でも離乳食をあまり食べません。ミルクはよく飲む子どもなのですが、離乳食となると嫌がって口にしないので、私たちも気にかかってはいました。そんな矢先のお母さんの話でしたので、今までの保育園の食事の進み具合を話し、今後も家庭での明日香ちゃんの様子と保育園での様子とをお互いに情報交換しながら、離乳食の問題に関して取り組んでいくことを決めました。

　お母さんには「食べない子、飲まない子の問題はこの時期にはよく起こることで、個人差もありますから特別に心配することはないですよ」と話し、少しでもお母さんの不安が取り除ければと考えました。私たちは保育園での明日香ちゃんの食事の様子を常にお母さんに知らせ、変化など気がついたことはお互いが報告し合うようにしていきましたが、しだいに明日香ちゃんが少しでもいつもより多く離乳食を口にした日など、お母さんや私たちが大喜びといった状態になってしまいました。しかし、明日香ちゃんは離乳食への移行に変化は見られず、食事の量も以前とほとんど変わらないといった状況でした。

　そんなあるとき、明日香ちゃんのお母さんが「先生、私、思ったんですけれど、いつものようにおいしそうにミルクを飲んでいる明日香を見て、私たちが『食べない！　食べない！』という思いで接し過ぎたせいで、よけい食べないんではないかって……」と話してくれました。私たちもそのときハッと思い、お母さんの言うように「食べなきゃ、食べな

いでしょうがない」くらいのゆったりとした気持ちで明日香ちゃんを見守ることを、その後、心がけることにしました。もちろん、お母さんも家でも同じように接してくれるとのことでした。

それからは、明日香ちゃんが離乳食を口にした際の報告も「今日は半分しか食べなかったです」ではなく「今日は半分も食べましたよ」と伝えるようにし、あとは見守っていくことにしました。

数週間後、明日香ちゃんはしだいに離乳食を食べるようになり、お母さんもホッとされた様子でした。やはり、かかわる大人のちょっとした対応の違いで、子どもはいろいろなことを感じ取るものなのだと強く感じたケースでした。

　この事例でもっとも注目したいのは、相談担当者である保育者とお母さんの間にまったく指導的な関係がないことです。担当者は「心配することはない」といったほかはほとんど助言も指導もしていません。互いに情報交換を密にしようと提案しただけです。しかも、明日香ちゃんの問題解決に向けてヒントを出したのは相談者であるお母さんのほうでした。今度はお母さんの提案で明日香ちゃんを焦らずに見守ることになりました。大人の心のもち方で子どもへの対応は違ってくることと、考え方しだいで問題は問題でなくなるということを学ばせてくれた例でした。

　この例でわかるように相談はかならず指導しなければならないものではありません。一緒に考えてくれる人がいれば、相談者は問題解決に向かって努力したり工夫したりできるのです。肝心なことは誰かに支えられているという安心感なのです。

CASE 2 アレルギーがひどくって、食事や外遊びがとても心配です

保育所・園外からの相談

　4月からの入園児も決まり、明日は健康診断と面接というある日でした。入園児のお母さんから、「今度、保育園でお世話になる、雅之の母ですが、ちょっと、まえもってご相談したいことがありまして……」と声をかけられました。

　雅之くんは8か月、お母さんは来月から育児休暇明けの復職です。保育園への入園が決まったものの、雅之くんのアレルギーについてとても心配されていました。雅之くんのアレルギーは生後3か月ころから、通院が必要なほどひどいもので、卵や牛乳のほか多くの食品の摂取が禁じられているとのことでした。はたして保育園という集団の場で、どの程度対応してもらえるのか、もしかしたら、保育園では預かってもらえないのではないか、というのがお母さんの相談でした。

　アレルギーがひどくて保育園に入れないということはありませんので、その点をまずお答えしたうえで、この相談には、在園の看護師と栄養士にも加わってもらいました。「雅之くんの様子について、もう少し

くわしく教えてくださいね。お母さんにも協力してもらわなければならないけど、保育園でも雅之くんの症状に合わせて、食事をつくるようにしますから」と言葉をかけました。このことに、お母さんは少しホッとされた様子でした。

　その日にまず、離乳食の進み具合を聞いたうえで、雅之くん

の診断書に基づき、使用できる食品の確認を行いました。雅之くんの月に1度の通院の際、医師の所見や指導があったときは、かならず知らせてもらうこと、除去する食品については、家庭でも園と同じようにしてもらうこと、初めての食品のときは、家庭で食べることができたもののみを園でも使用すること等を話し合いました。そして、毎月の献立を調整するためにも、食事に関する打ち合わせを前月末に行うことを約束しお母さんは帰りました。

　翌日、健康診断で初めて会った雅之くんは、小柄で、お母さんの言われたとおり、腕も足もすべてカサカサで、心配になる気持ちがよくわかりました。雅之くんのアレルギーは食品だけではなく、衣類の素材や洗剤などでも起きるとのことで、面接の際には担任の保育者とも食事以外の面でも、よく話し合いました。お母さんの話によると、雅之くんには直射日光や汗の汚れは、日常的に注意が必要とのことでした。

　こうして、お母さんの案じていたことは園の職員との間で満足のいく形で確認され、帰っていくときのお母さんの表情はホッとしたようで、やわらいでいました。

　その後、雅之くんの食事は園と家庭との細やかな協力のもとに、注意深く進められました。実際に食事をつくる調理員も、担当が変わるたびにていねいに引き継ぎを行っていきました。雅之くんは成長するにつれ、食べられる食品の数も増え、幼児クラスに移るころには、ほかの子どもたちとほとんど変わらないほどに、除去する食品は減っていました。

　アレルギーの子どもが増えるのに対応して保育所でもアレルギー食の対応が進んできましたが、栄養士が配置されていない園では離乳食からケアしていくのは大変なことです。この園では看護師もいますから、雅之ちゃんは恵まれた入所といえます。アレルギーがひどくても入所できるという答えはお母さんをどんなに安心させたことでしょう。

104　第6章　保育相談支援の事例

　診断書で使用できる食品を確認したこと、医師の指導があったときは知らせることなどの約束は専門家の情報を得るよい対処だと思います。アレルギーなど慢性的な疾患は医学的な所見が重要な資料になります。関係機関との連携をとったケースです。

　保育所の食事メニューと家庭のメニューを調整し、しかも毎月、その打ち合わせを行いました。病院や保健所でもここまでていねいに指導することはできないかもしれません。食事だけでなく衣類や日光まで配慮が必要となると、保育所あげての子育て支援となり、職員全員がアレルギーの特徴や対応法を理解しなければなりません。医療、保健、栄養、保育といくつもの職種が対応をした事例です。

CASE 3　3歳になるのにまだオムツがとれなくて

保育所・園内からの相談

　2歳児クラスより入園した11月生まれの双子の健太くんと康太くん（現在2歳11か月）。5人兄弟（小2、年長、健太くん、康太くん、5か月）の3、4番目。両親は運送屋を経営しており、忙しいときには、保育所への送迎を近くに住む祖父母に頼んだりしています。

　10月の運動会も終わり、いつもと変わらない保育園のお迎え時間に、お母さんが声をかけてきました。「先生、ちょっといいですか」「ええ、だいじょうぶですよ。何かあったんですか？」と話が始まりました。「健太、康太のオムツのことなんですけど……。もうすぐ3歳になるので、オムツはずしたほうがいいのかな、と思って」保育者の私としては少々意外な相談でした。私は保育者になって3年ですが、お母さんは、小2の長男を始め5人の子どもを日々育てているベテランママだったからです。

§1 保育所の保育相談支援の事例　**105**

母「長男も次男も3歳にならないでオムツはずれたんですけど、健太と康太は3歳になるのにまだはずれないので」

保「おうちでは、トイレでおしっこしたりしてます？」

母「朝起きてすぐとか、お風呂に入るまえとかには成功するときがあります。健太のほうが、けっこう喜んでトイレに行きます」

保「保育園では、遊び始めるまえとか、生活の流れの区切りに誘うと成功するときが増えてきてます。オムツに出ても、その後『チッチ出た』って教えてくれることも多いですよ」

母「そうですか。そういえば家でも教えてくれるのは多くなってます」

保「ただ、遊んでいる最中は、夢中で遊んでいることもあって出てしまっていることが多いですね。私たちも"今、誘えば出るかも……"と思うときがあるんですけど、この時期、夢中で遊べた経験はこれからさき成長していくうえでとても大切ですから、いい顔して遊んでいるときには、"今はいいか"と声をかけていないんです。だから、健太くんも康太くんも、もう少しオムツで様子を見てもいいかなと思ってるんですけど、どうですか？　もちろんタイミングを見て誘ってはいきますけど」

母「先生の言うこと、よくわかります。今のお話納得できます。でも、おばあちゃんがこのところうるさくて……。『まだはずさないの！　3歳になるのに！』って言われちゃうの」

保「昔は2歳の夏に、なんて言われていましたからね。おばあちゃんが心配になるのも無理ないと思います。でも今はぬれた感覚がわかりにくい紙オムツが主流なためか、オムツが取れるのは遅くなっています。だからオムツがは

ずれる年齢は気にしなくてもだいじょうぶですよ。２人は近いうちにかならずはずれますよ」

母「そうですよね。そういっておばあちゃんにも話してみます」

現在（相談があってから１か月後）、２人はトイレでの排尿が増えてきて、康太くんはトイレで排便もするようになっています。散歩にいくときなどはオムツにしたりしますが、パンツとオムツを併用しています。２人ともアンパンマンとドラえもんのパンツが気に入っていて、ときにはオムツの上にパンツをはいて喜んでいます。お母さんも私たちも見守りながら子どもたちに任せています。

事例が相談の会話形式で出ていますので、もし、私が保育者だったらどのように応答するか、それによって変わると思われるお母さんの反応をあげてみましょう。

母「長男も次男も３歳にならないでオムツはずれたんですけど、健太と康太は３歳になるのにまだはずれないので」

保「これでいいのかしらって？」

母「うちでは、朝起きてすぐとか、起きてお風呂に入るまえとかにはトイレで成功するときがあります。健太のほうが、けっこう喜んでトイレにいきます」

保「それはいいですね」

母「教えてくれるのも多くなってます」

保「なお、いいじゃないですか」

母「そうなんです。だから心配しなくてもそのうちと思うんですけど、おばあちゃんがこのところうるさくて……。『まだはずさないの！３歳になるのに！』って言われちゃうの」

保「おばあちゃんに言われると、気にしなきゃって？」

母「うーん、私がはっきりしてないのよね」

保「お母さんがはっきりすればいいのかしら」

母「そう、母親は私だものね……、先生はどう思います？」

保「今度は私が気になるの？」

母「私って人ばっかり気にするのよね。でも先生がさっき、いいじゃないって言ってくれたので自信が出てきました。おばあちゃんには心配いらないよって言います」

このお母さんは子育てが初めてではありませんから、オムツをはずす時期がわからなくて相談しているわけではありません。おばあちゃんの発言を無視できなくて気持ちが揺れているだけなのです。保育者が味方してくれるのを期待して相談したとも考えられます。この会話は私が予想したものですが、多分、このような感じで進むのではないかと思います。「5人の子育てをしているベテランママがなぜ」と思った保育者の疑問は正しかったのです。

2. 発達の遅れ・気になる行動についての相談

「うちの子はどうも他の子に比べて発達が遅れているのではないか」と心配をしている保護者はかなり多いものです。内容は歩き始めや言葉の遅れ、そして知的な発達などさまざまです。これが障がい児ではないかと思うととても深刻な状態になるものです。

また、指しゃぶりや癇癪など子どもの気になる行動に対する相談もとても多い内容です。理由の究明、望ましい対応、今後の予測など多くの保育経験を生かした援助が必要とされています。

ここでは、こうした発達の遅れや気になる発達上の行動についての相談事例を取り上げてみました。保育者自身にも相当な経験と専門的知識が必要な場合も多くありますが、医師や専門機関への早期受診を勧めるという各機関を結ぶパイプラインの役割もあります。どれも多く見られる事例ですので、ぜひ参考にしましょう。

108　第6章　保育相談支援の事例

CASE 4

うちの子まだ歩けなくって……

保育所・園外からの相談

　私たちの園では、毎月1度「子育て支援」として、地域の母子が保育所で午前中遊ぶということをしています。遊びにくるほとんどの子が3歳未満児（幼稚園に入るまえ）であり、乳児クラスで過ごすことが多いです。

　ある9月の子育て支援の日、いつものように0、1歳児の部屋で、遊びにきた母子と園児と遊んでいると、おとなしそうなお母さんが自分の子ども（元気くん）と園児を見比べるようにつぶやきました。「みんなしっかり歩けるんですね、うちの子まだ歩けなくて……」

　保「お子さんは何か月ですか？」

　母「1歳5か月になりました」

　その子どもは体つきはしっかりしていましたが、いつもと違う場ということもあり、あまり行動範囲は広くなく、母親のまわりで、お座りをして人形を抱っこしたり、音の出るペットボトルを振ったりと、どちらかというと1つの場所でじっくりと遊んでいました。移動はしっかりとしたハイハイをして、ときどきつかまり立ちをしています。

　母「つかまり立ちやつたい歩きはするんですけど、手を離して歩こうとしないんです。2、3歩下がって両手を広げて『おいで』ってやってみたり、いろいろやってみてはいるんですけど」

　保「元気くん自身は、ハイハイはとてもしっかりしているし、つたい歩きの足どりもしっかりしているから、もうすぐだと思いますよ」

　母「でも、どの本を読んでも、もうしっかりと歩いておかしくないころのようなことが書いてあって心配なんです」

　保「赤ちゃんのころは、とくにとても個人差があるんですよ。ある

§1 保育所の保育相談支援の事例　109

子は、10か月で歩き始めたし、別の子は歩き始めたのが1歳6か月でした。ときどき、ハイハイせずつかまり立ちを始めたり、順序がとんでしまうお子さんもいるんですよ。いわゆる育児本というのは、子どもの成長過程を知っておくうえでは、とても役立ちますし、

読むことはよいことだと思いますが、本のとおりに元気くんが育っていくとは限りません。むしろ、本のとおりに育っていく子どものほうが少ないと思いますよ」

　母「そうなんですか。安心しました。じゃあ、元気の場合は……」
　保「今日の様子では、本当にもうすぐ歩くんじゃないかなと思います。だから、少し様子を見てもよいかと。ただ、お母さんがどうしても心配なら、診てもらえる病院とか紹介しますが」
　母「ありがとうございます。もう少し様子を見てまたきます」

　翌月の子育て支援に再びこの母子がやってきました。お母さんは、1か月前とは驚くほど表情は明るく、部屋に入るなり私に、「この間はありがとうございました。あれからすぐ、歩き始めました」と言いました。

　多くの親たちがわが子の成長を見ながら1回は気にする問題、その1つに「歩き始めの時期」があります。

今まで、保育所等に預けず、家庭内だけで育ててきた子どもを保育所の地域子育て支援センターへ遊びにつれて行って、そこでふと感じたわが子の育ち具合、とくに目に見える「歩く」という動作について、「うちの子の育ちは遅れているのではないか」と急に心配になる親の気持ちや様子がよくわかります。

保育者は発達の個人差、育児書の活用の仕方について、明快に説明しました。保育の経験を生かした自信のあるアドバイスだったと思います。このように保育者の自信が保護者に安心感をもたらすことを理解しておきましょう。

CASE 5　発語はあるが、会話にならなくて

保育所・園内からの相談

言葉の遅れがあるとの診断で、3歳児クラスから入園してきた武彦くんのお母さんとは、入園当初から毎日が相談の連続でした。

乳児期は専門施設へ入所していた武彦くんは、施設の先生から「保育所のような一般の施設に入り、ほかの子どもたちからたくさんの刺激を受けたほうが、言葉の発達にもつながります」との指導を受け、保育所に入園してきました。

武彦くんの両親とも高学歴で、とくにお母さんのほうは武彦くんの言葉の遅れの問題が生じたときから、あらゆる学習や専門機関の利用を試みており、ともすれば保育者よりも知識があるようです。保育所以外にも武彦くんを、2か所の言語指導の機関へ通わせるほどの熱心さです。いつも気丈に話をされる、しっかりしたお母さんですが、やはりさまざまな情報や検査によるテスト結果には敏感で、「現状はわかっているのですが、テストの結果が……」とか、「一般の施設にはやはり武彦

はついていけないんではないか、無理ではないかと主人とも話しております」と言われることもあり、1人で大きな問題を抱えているようでした。

　武彦くんの園での様子は、発語は聞かれるものの、友達には一方的に話していることが多く見られました。友達の輪のなかに入っていても、相手に対しての返事はできず、やはり自分の思うままの話を一方的にしているだけでした。感情のコントロールの面でも、自分の思いと違ったことがあると、怒り出し、ものを投げつけたり、泣いて叩くなどの行動が見られ、そのたびに抱き止めて落ち着かせるといったことの繰り返しでした。

　しかし、この3歳児クラスへの入園まえから、園には1週間に1回遊びにきており、そのころからみると、あきらかに集団に入れるようになってきていました。集団生活のさまざまな場面から、武彦くんは大きく成長していることも私たちは実感していました。お母さんが相談にくる際には、このような園での様子を細かに話すことを心がけました。そして、家庭ではわからない武彦くんの日常のエピソードを多く知らせるようにもしていきました。

　また、専門の先生のアドバイスにより、武彦くんの発した言葉を拾っていくことで、語句の量の増加を数字的にも知らせるようにもしました。お母さんの気持ちの安定も武彦くんの成育環境の一つと考え、行っていくようにしています。

言葉の発達の遅れがあり、専門機関の診断を受け、定期的な相談指導を受けながら、言葉の発達には、「正常な言葉のある環境のなかに入れるのがよい」というもっとも大切な原則のもと、保育所での生活ができるようになった武彦くん。お母さんの願いと努力の結果、それに専門機関や保育行政にかかわる人々の理解と協力があって本当によかったと思います。

112 第6章 保育相談支援の事例

　「言葉」は人間だけがもつ社会生活上の道具です。その場その場での使い方がわかっていなかったり、使う必要のない場合は、「言葉」は表現されないのです。保育所のようにたくさんの発達途上にある子どもたちの「言葉」の世界に入り、そこで日常の場面場面で遭遇する具体的な言葉を覚えていくことがまず大切なのです。家庭における家族のたくさんの「会話」、そして親たちの子どもへのやさしい言葉による「話しかけ」も不可欠です。子どもたちは周囲の言葉の模倣により、その言葉を覚え、必要なとき必要な言葉を発せるようになっていくのです。

　知的な発達が少し問題にされるような武彦くんの場合、上記のことはとても大切なことになります。言葉に出して自分の意志がうまく表現できないとき、怒り出したり、ぶつかったり、体で気持ちを表してしまうのです。

　専門の先生によるアドバイスによる、話しかけの機会、言葉にしなければならない必要な場面をつくることはもちろん大切なことですが、武彦くんの「言葉」の内容と頻度を拾って記録していっていることも、少しずつ言葉を育て、目に見えないその少しずつの言葉の内容の変化、語彙の増え具合を知り、お母さんを納得させ、よりよい言葉の発達を促していくうえでよい方法です。そのうち、単語が2語文になり、少しずつ生活用語として定着していく様子がつかめるでしょう。

§1　保育所の保育相談支援の事例　*113*

CASE 6

年齢が進むにつれて、知的な遅れが目立ってきて

保育所・園内からの相談

　3歳児健診を終えたある日、3歳児の克巳くんのお母さんから、「健診のときに、うちの子、知恵の発達がほかの子どもに比べると、8か月も遅れていますと診断されました。どうしたらよいでしょうか、先生……」との相談を受けました。

　克巳くんは0歳児から入園した子どもで、歩き始めも1歳5か月ころと遅く、2歳になってもなかなか発語が聞かれなかった子どもでした。お母さんも、朝やお迎えの際に以前から、そのことについては気にされていて、私たちにも話してくれていたのですが、10人もの子どもの母親で仕事も忙しく、なかなかこの問題に時間をさくことができずにいたときだったのでした。今までの心配が現実的な形になったことで、お母さんは非常にショックを受けていました。また、上の思春期を迎えているほかのきょうだいのいろいろな不安も重なっているとのことで、お母さんの悩みは大きなものでした。

　あまりにたくさんの悩みを抱えていることから、お母さんの話を少しでも多く聞くことから始めていきました。朝夕の受け入れのときには、克巳くんのことだけではなく、ほかのきょうだいの話や家庭での悩みを、毎日のように話しました。お母さんは話すことで、自分自身の悩みを、そのときに発散しているようでした。そして、お母さんとのこのようなかかわりは、克巳くんの卒園までつづけられました。

　保育所での克巳くんの様子はクラスの集団にはなじめず、いつも下のクラスの妹のところで遊んでいました。妹と一緒にいることで克巳くんは安心感をもっているようでしたが、年長児になっても、やはり発語がはっきりせず、発する言葉も単語が中心でした。克巳くんは嫌なことがあると手をずっとなめていたり、よだれも多く、非常にかたくなになり

ます。このことから、園長とほかの保育者とも相談し、克巳くんの安心できる場所を優先して、とくにクラスの枠にこだわらずに、生活を送れるようにしていきました。家庭では言語訓練や発達を促すセンター等の機関に、克巳くんを通わせたりもしたそうですが、年長児のときにはほかの子どもとの遅れが、2歳半も生じているとの結果が出されたということです。

　小学校入学の就学時健診でも、普通学級での入学は無理があると言われたことから、両親は保育所でのもう1年の受け入れを希望されました。お母さんがとても忙しいことと、克巳くんの安心して生活できる空間で、もう少し見守ってあげたいとのことでした。

　しかし、学校との管轄の壁は厚く、むずかしい問題でした。克巳くんの小学校入学については、園長が両親と学校との間のアドバイザー役となり進めていきましたが、結局は特別支援学級への入学が決まりました。初めはためらいがちであった両親も、しだいに「小学校へ行ってからも、小学校が克巳にとってよい環境になるよう協力してください」と話してくださるようになりました。園長も保育者（私たち）も、これからも克巳くんや両親が今までどおり、保育所が相談のしやすい場であるようにと心がけていきたいと思っています。

　最初の保育所入所のときはとくに問題にならなかった子どもが、年齢を重ねるにつれて「知的な遅れ」が顕在化してきたケースです。

§1 保育所の保育相談支援の事例 **115**

事例内に示されているように、まず「お母さんが発散する悩みを毎日のように聞いてあげました」という、この保育者の姿勢こそ大いに評価されるものです。相談者は具体的な子育ての方法を示唆することも必要ですが、まずはよい聞き手になることが大切なのです。きっと克巳くんのお母さんは、専門機関の相談担当者よりもはるかによい相談相手として保育者を見ていたはずです。普段着で何げなく保育者に悩みをこぼすだけで、お母さんは気持ちが楽になり、強い理解者や味方を得たように思えていたはずです。

次に大切なことは、克巳くんはその能力との関係もあって、保育所では妹や年下の子たちとばかり遊んでいたようです。発達の遅れのある子が同じ年齢層の子どもたちとうまくやっていけないからといって、常時特別なクラスや指導の場面を用意するのは、少なくとも幼児段階では不必要なのです。たとえはっきりした障がいをもった子どもでも、障がいをもたない子どもたちのなかで、遊び育つほうが発育上よい効果を上げるものです。克巳くんはクラスの枠をはずして、心の休まるところへと自由に行動させてもらって、理想的ともいえるよい環境をつくってもらっていました。

● 3．子どもの遊び・おけいこごとについての相談

少子化が進み遊ぶ友達が少なくなった、家のなかでゲームばかりして困る、与えたおもちゃは適切なものかなど、自分の子どものころと比較し、またマスコミからの多くの情報のなかで思い悩む保護者たちが増加しています。早いうちからおけいこごとを始め、才能を伸ばすことへの取り組みに夢中な保護者たちもいます。

ここでは子どもの遊びやおけいこごとなどについての相談の事例を見ていきましょう。

もっと外で遊べるような子どもになってほしいのですが……

保育所・園内からの相談

　年長の5歳児の真理ちゃんのお母さんからお迎えの際に次のような相談を受けました。「先生、このごろ真理が、朝、保育園に行くときになると、かならず『お部屋で遊ぶように先生に言って』とぐずるのです。天気のよい日などは、もっと活発に外で遊んでほしいと思うのですけれど、『お部屋がいい、お部屋がいい』と言って具合の悪いところをわざわざ探したりするんですよ。毎朝のことで困ってしまって。どうしたら外で遊べるような子になれるのか、教えていただきたくて」とのことでした。

　真理ちゃんは0歳児より入園した女児です。真理ちゃんのお母さんは看護師をしていて、真理ちゃんの入園のころから、仕事も重要なポジションになられたようで忙しく、風邪をひきやすかった真理ちゃんは、乳児のころから絶えず薬を飲んでいました。お母さんは仕事の欠勤を避けるためにも、真理ちゃんの病気には非常に敏感で、以前から少しでも真理ちゃんの体調が崩れると「外へ出さないでほしい」との要望が絶えませんでした。真理ちゃんのほうもこのようなことからか、「ちょっと暑い」「ちょっと寒い」と言っては、外であまり遊びたがら

なくなってしまいました。年中児になると、「ちょっとせきが出るから」などと言って、自分自身の判断で部屋に入ってしまうことも多くなり、友達との外でのかかわりもほとんどなくなっていた矢先でした。

真理ちゃんのお母さんは年長児になっても、活発に外で遊ばないわが子に「もう少し、外でも元気に遊ばせたい」という思いが強くなり、相談にきたとのことでした。

真理ちゃんのお母さんの「ただ外で遊ばせたい」という相談が中心でしたので、私は真理ちゃんの今までの育ちの経過記録などを把握しなおしてみることから始めました。そして、そのうえでお母さんともう１度話し合う機会を設け、この問題に取り組んでいくことにしました。

お母さんとの再度の話し合いのなかで、「今までの行動や生活の仕方から、急に今のお母さんの考えを強く出されるのは、真理ちゃんの反発が強くなってしまうのではないでしょうか？」と話してみました。お母さんのほうも、理解を示してくれたようでした。しかし、数日するとお母さんはやはり気になってしまうとのことで、真理ちゃんが家に帰ると、「今日はお外で遊んだの？　お友達は何人と遊んだの？」等の質問をしてしまうとのことでした。私は「あまり、気になさり過ぎないで、気長に真理ちゃんの様子を一緒に見守りましょう」と話してみましたが、あまりにも子どもサイドで話をしてしまったようで、このかかわり方には反省をする面もありました。案の定、お母さんの来園は少なくなってしまいました。

その後、お母さんとのコミュニケーションも大切にしながらかかわりましたが、お母さんの真理ちゃんへの接し方は変わらず、また真理ちゃんの遊びの様子にも大きな変化を見ることはできませんでした。子どもの立場のみを強調するような話の進め方が、お母さんとの協力に結びつきにくくなったのかもしれません。保育者と保護者との話し合いでの聞き取り、話し方のむずかしさを強く感じたケースとなってしまいました。

「保育相談支援は誰のためにするのか」という大きな課題を出してくだ
さった事例です。私たちは子どもの相談となると、つい、子どものことを
真剣に考えてしまいます。子どものことをわかってほしいという気持ちが
先に立って、目のまえにいる親が援助の対象であることを忘れてしまうの
です。とくに、長年、子どもの保育をしてきた保育者ほど、この落とし穴
に落ちる危険があります。保育の対象は子どもですが、保育相談支援の対
象は親なのです。親が悩み、親が問題だと思っていることに寄り添ってい
かなければ、援助したことにはなりません。このように対象が変わったと
いう意識を明確にもち、保育をしているときとまったく同じ姿勢で「子ど
もの代弁者」になり過ぎて親を責めていないか、自分自身に警鐘をならし
ながら、相談活動を進めましょう。では、どのように相談を進めれば、子
どもの代弁者ではなく、親の援助になるのでしょうか。事例を通して考え
てみましょう。

　お母さんは「真理ちゃんを外で遊ばせたい」と願っていました。保育者
は過去の記録から、真理ちゃんが外で遊ばなくなった経過を調べ、お母さ
んに原因があると考えました。そこで「今までの行動や生活から急に言っ
ても……」とお母さんを止めてしまいました。いったんは理解したように
見えたお母さんが、数日後に再び「気になる」と言ってきたのは保育者の
助言に納得できなかったからでしょう。その気持ちを再び止められ、「見
守りましょう」と言われたのでは、お母さんが「わかってもらえない」と
思うのは当然です。「見守りましょう」ではなく、「気になってたまらない
のですね」と言ってあげたほうがよかったと思います。気になってたまら
ない気持ちを十分に聞いてあげたら、真理ちゃんの外遊びがすぐに実現し
なくても、お母さんは一緒に考えてもらえているという満足感をもてたで
しょう。そのうちにお母さん自身が自分の育児態度に気づくようになりま
す。子どもの立場に立ち過ぎると、お母さんは自分の育児を責められたと
思ってしまいますから、まずは、お母さんの心を十分に聞いてあげましょ
う。

CASE 8　塾には通わせたほうがいいですか？

電話での相談

　ある日の土曜日、保育園の事務室に1本の電話が入りました。「うちの子、そちらの保育園に通っていないんですけれど、少し話を聞いてもらえますか……」と若いお母さんからの電話相談でした。

　「私の息子は近くの保育園に通っているんですけれど、最近、まわりのお子さんがスイミングスクールとか英語の塾とかに通い始めていて、うちの子も通わせたほうがいいんじゃないかって悩んでいるんです」との話でした。

　お母さんの話によると、子どもは現在4歳児クラスになったばかりで、今後の小学校入学のときに、保育園の決まった友達だけでは急にたくさんの集団に子どもがとけ込みにくいのではないかということも心配のようでした。お母さんは平日は仕事をしているので、子どもは保育園と家とを行ったりきたりになってしまうとのことです。

　お母さんの話から、単に英語を習わせたかったり、スイミングスクールで泳ぎを教えたいということではないようなので、家庭や保育園での

お子さんの様子を聞いてみました。すると、保育園ではとても友達も多く、元気な明るい子どものようで、降園してからも毎日、近所の友達と公園で遊んでいるとのこと。話からは『集団にとけ込めなくて心配』という様子はとてもうかがえません。私は「とても元気

でお友達もたくさんいるんですね」とお母さんの話に答えました。「そうなんです。私もできれば、無理に習いごとなんかさせないで、今のまま元気に育ってくれれば……と思うんです。ただ、まわりのお子さんがみんな通っていると聞くと、何となく不安で……」と話されました。「うちの保育園でも、みんなが塾に通っているというわけじゃないですよ。それにきっとそういうお子さんなら小学校へ行っても、お友達がたくさんできると思いますよ」と話してみました。そして、ここの地区の保育園の子どもたちがたくさん通っているスイミングスクールも紹介してみました。お母さんはホッとした様子で「先生、うちの子心配ないですよね。お話聞いてくださってありがとうございました」と言い電話を切りました。このお母さんはきっと『だいじょうぶですよ』と誰かに言ってほしかったのではと感じる相談でした。

　近所の子がいろんな塾に通っていることを知ったお母さんは、自分の家も何か習わせなくてはいけないのかと考え込んでしまうのはどこにでもあることです。

　たしかに、ピアノなど音楽関係の才能は早いうちから伸ばしたほうがいいようですが、すべては本人しだいではないでしょうか。保護者が自分の育った経験や、やらせたいからといって、無理にやらせるのがよくないことは誰もが指摘するところです。保護者の見栄や考え方だけで塾通いを押しつけられる子どもはよい迷惑です。あくまでも、子ども自身が「やりたい」という強い意思表示をすることが大切で、その時点で「通わせられるかどうか」、「経済的なことやつきそい」等の問題を考えればよいのです。

　この事例のお母さんは、そのところをよく知っていながら、自分の子どもの通っている保育所の保育者にははずかしくて確かめられなくて、第三者の誰かに確かめたかっただけでしょう。「ほかの子どもたちもみんなが塾に通っているわけではない」という一言の助言で、このお母さんは自分の考えに自信をもったに違いありません。

CASE 9 公園遊び、お母さんの輪に入れない

保育所・園内からの相談

　在園児、舞ちゃん（2歳児クラス女児）のお母さんより、お迎えの際の立ち話から、次のような相談を受けました。「先生、私の仕事が忙しいせいでしょうか。休日、近くの公園へ行っても、知り合いもいないので、舞になかなかお友達ができないんです。私も仕事の関係で土、日くらいしか遊びにつれていけないですし、毎日遊びにきているようなお母さんたちの輪に私自身も入れません。舞も、ほかのお子さんと一緒に遊べて仲よくなりかけても、次にくるのはまた1週間後になってしまうため、だんだん相手にされなくなっているようで……。そのうえその近くの公園には、ここの保育園の方は少ないみたいで、私も何だか、1人でいつもポツンとしてしまうんです。どうやったらうまくやっていけるんでしょうか？」との話でした。

　お迎えの際の立ち話から始まった相談でしたので、お母さんの話を聞いたあと、「お母さんの気持ちは私（担任保育者）もよくわかりますよ。

私だって、お母さんと同じで、土、日くらいしか子どもを遊びにつれていけないですからね。でも、あんまりむずかしく考えないで、お母さんのほうからも、まわりのお母さんに気軽に声をかけるようにしてみてはいかがですか？　私もそうしてますし、意外となかには、同じようにお仕事してて、土、日しかこられないお母さんもいますよ。舞ちゃんだって、自分からほかのお友達と遊んでるんですし」と話してみました。

　また、舞ちゃんの遊びが、途中でとぎれてしまうことも気にしていたようだったので、うちの保育園のお母さんたちが、よく行っている公園もお母さんに伝えてみました。お母さんは「そうですね。私も、考え過ぎてたかもしれません。今度、気軽にほかのお母さんたちにも声をかけてみます。それに、先生の教えてくれた公園も行ってみますね」と話してくれました。

　その後、お母さんから、「公園で友達ができました」との話を聞くことができ、同じような相談を受けることはありませんでした。

　保育園児はこのお母さんの言うように、地域にお友達ができないかもしれません。本来、子どもは地域で生活し、地域で遊ぶものなのですが、舞ちゃんとお母さんは日常、地域で暮らしていないため、このようなことが起こってしまうのです。とくに最近の若いお母さんは見知らぬ人には、自分から声をかけません。保育所にいっているために、近隣からはずれてしまうのは淋しいことです。こんな想いをしている親子はたくさんいると思います。同じ保育所の子どもがよくいく公園を教えてあげたのは、とてもよいことだと思います。

　地域の公園で、お母さんが積極的に声をかけて土、日だけ仲間に入っていくのも、現代の都市生活ではなかなかむずかしいことですから、保育所のなかで、家が近い人、あるいは土、日の友達を求めている人を募るのも一方法かと思います。お母さん同士で土、日の遊びサークルをつくるようなアドバイスもしてみたいものです。

§1 保育所の保育相談支援の事例 **123**

ただし、舞ちゃんについては、まだ2歳ですから親と遊べれば満足すると思いますから、あまり友達遊びを気にしなくてもよいのではないでしょうか。発達的には大人に十分遊んでもらうことが必要な時期だとも考えられます。早くから子ども仲間に入れようと焦らないでよいことも伝えてあげてもよかったでしょう。

● 4. 育児不安・虐待・ 家族関係についての相談

近年、大きな社会問題となっている「虐待」を中心に、その前段階ともいわれる「育児不安」、また近年問題となっている「ネグレクト」の事例をまとめてみました。

近隣から孤立することをおそれて、思うように育児ができないという不安には個別な相談だけでなく、育児グループや園庭開放などの地域活動を積極的に企画し、仲間づくりを援助していきたいものです。虐待ケースの相談は今後増えると思いますが、関係機関と連携をとりながら慎重な取り組みがのぞまれます。

CASE 10

暴力を受けている様子はないけれど……
――ネグレクト

保育所・園内からの相談

3歳児から入園してきた瑞樹くんは体も小さく、とてもおとなしい子どもでした。両親とも夜中の仕事をしているため、送り迎えは父方の同居の父親（瑞樹くんにとっては義理のおじいちゃん）が行うとのことでした。瑞樹くんの両親には入園のときの説明会で会っただけで、その後、1度

も園に足を運んだことがありません。瑞樹くんのお母さんは再婚でいわゆるお母さんの連れ子です。

入園当初より、瑞樹くんの体の小ささや、着衣の汚れ（臭い）などが目立っていたため、瑞樹くんの様子を気にかけるよう事前に各職員間でも確認するようにしました。着替えの際など体の様子を確認しても、アザなどもなく、暴力を受けている様子はありませんでしたが、汚れた服は常に悪臭に近いものがあり、園で着替えを用意し着替えさせたりしました。瑞樹くん自身も保育者もほかの友達も避けるようにして、いつも1人で過ごしています。

瑞樹くんの様子があまりに気にかかった担任保育者は送り迎えの際に瑞樹くんの祖父に家での様子などの話を聞くと、家での様子は知らない、降園するとすぐ両親の生活スペースの2階へいってしまい、その後の面倒は頼まれていないからといいます。そこで「お父さんとお母さんに1度園にきてお話をうかがいたいのですが……」と祖父に伝えましたが、翌日、瑞樹くんは登園してきませんでした。電話を入れても誰も応答がなく、自宅を訪ねても応答がありません。次の日も瑞樹くんが登園してこないため、園長より児童相談所へ連絡を入れました。

その後、児童相談所から連絡があり、瑞樹くんの自宅を訪ねたところ、祖父は出かけており、瑞樹くん自らが出てきたとのことです。寝て

いた両親を起こし、今までの生活の事情を聞くと、家で瑞樹くんに食事を与えたりお風呂に入れたりしている様子はなく、たまに母親が食事の用意をする程度だったとのことです。そのような生活の様子から瑞樹くんを一時保護したとの連絡を受けました。現在では瑞樹くんは児童養護施設に入所したとのことでした。

　非常にむずかしい事例です。保育所の育児相談がスタートした時点では、「保育のノウハウを活かした指導」を行うよう期待されていました。つまり、離乳食を含む食生活や栄養の問題、排泄、睡眠など生活習慣、発達に応じた遊びや遊具など保育所の保育経験を活用した指導・助言が主たる相談内容と想定されていました。しかし、保育所が多様な保育ニーズに応えるようになってからは、子育てのHOW TOに加えて、家族間の問題（離婚、DVなど）、近隣との人間関係など複雑困難な問題も相談されるようになりました。保護者と保育所の信頼関係ができてくると、「専門の相談機関よりも日々顔を合わせていて、わが家のことをもっともよく知っている保育所に相談したい」という保護者の期待も増えてきます。なかでもこの事例のように保護者は相談してこないけれど、子どもの人権にかかわる場合は児童福祉の専門機関として保育所が動かなければなりません。保育者はまず、「お父さん、お母さんに会いたい」と送迎担当の祖父を通して申し入れたのは当然の対応だと思います。しかし、この伝言が保護者の防衛を強めたようです。
　虐待を発見した場合、専門機関には通報の義務があります。
　保育所の通報を受けて児童相談所が迅速に行動した結果、瑞樹くんは一時保護を経て児童養護施設に入所し、危機を脱した事例でした。しかし、3歳になる子どもが保育者に何も訴えなかったこと、祖父は瑞樹くんにとってどんな存在だったのか、多くの疑問があります。

126　第6章　保育相談支援の事例

CASE 11　父親の酒のうえでの暴力で……

保育所・園内からの相談

　翔くんは保育所開設1か月目の5月に入所してきた2歳児クラスの男児です。翔くんは小柄で、とてもやせていましたが、翔くんのお母さんも小柄な人でしたので、私たちもとくに気にはしていませんでした。翔くんは保育園ではあまり泣くことはなく、おとなしい子どもでしたが、嫌なことがあってたまに泣いてしまうときの泣き声は、ほかの子どもからは今まで聞いたことのないようなヒーヒーという悲鳴に近い声をあげるので、このことはとても気になっていました。そして、慣らし保育の期間が過ぎ、お昼寝の着替えの際に担任の保育者が翔くんの体のあちらこちらにアザがあるのを見つけたのです。

　そのことを担任から聞いた私（園長）は、朝の送迎のとき翔くんのお母さんに、「お母さん、お迎えいつもごくろうさまです。たまにはお話でもしていきませんか？」と笑顔で声をかけてみました。お母さんは少しためらった様子でしたが、園の事務室に入ってきました。保育園の生活などを話したり、世間話をしていたとき、お母さんから「先生も、気がついていると思いますが、実は主人が翔に暴力をふるうことがあるんです」と話し出しました。お母さんの話によるとお父さんは、以前からお酒を飲むと暴れ出すことがよくあったそうで、お母さんも暴力をふるわれるんではないかと、ビクビクしていたそうです。お父さんは会社員をしていたそうですが、この不況で1年前会社から解雇され、そのころからお酒の量も増え、翔くんに対する暴力も始まったとのことでした。私は「お母さんはつらくて、1人で大変でしたね」とお母さんの話をじっくりと聞き、お母さんのつらさを受け入れました。

　翔くんへの暴力がすでに1年もつづけられていることから、園全体でも話し合い、翔くんの身の安全とお父さんとお母さんへのかかわりを協

力して行っていくことを決めました。お母さんには「お父さんがお酒を飲んでしまったときは、翔くんをおばあちゃんの家に預けるなど、お父さんから離すようにしてください。そして、何かあったらかならず保育園に電話をください」と話しました。お母さんは「わかりました、やってみます」と言ってくれました。この問題の解決には、お父さんの社会的な復帰がもっとも必要と考えられましたので、お父さんへのかかわりに関しては園だけでなく、職業安定所と近隣のアルコール中毒症状に積極的な病院にも、このようなケースの対応について聞いてみることにしました。すると「とにかくその方をつれてきてください」との話でしたので、お母さんには1度お父さんと一緒に来園してくれるようお願いしました。しかし、お父さんの来園はありませんでした。

　そして、お母さんの努力で翔くんへの暴力が減ってきた矢先、お母さんから「とうとう、私にまで主人が手をあげるようになりました」との涙ながらの訴えがありました。お母さんの話によると、保育園への来園をお父さんに勧めたところ、「なんで、先生になんかに言ったんだ！」とひどくぶたれたとのことです。私は「お母さん、ごめんなさいね。お母さんの状況もよくわからず、つらい思いをさせてしまいました」と謝り、お父さんと面談しようと思い、お母さんと一緒に家にすぐに向かいました。しかし、お父さんは留守で会うことはできませんでした。お母さんには「お父さんの暴力が始まりそうでしたら、すぐ私のところへ連絡してくださいね」と伝えました。数日後の月曜日、翔くんが無連絡で保育園を欠席しましたので、すぐに私は翔くんの家へかけつけましたが、翔くん一家は引っ越しをしていたのです。役所にも問い合わせましたが、転居届は提出されていませんでした。

　保育園での対応を振り返り、もっと早くかかわることができていればと、悔やむばかりの結果となってしまいました。私はお父さんが立ち直り、翔くんとお母さんが幸せに暮らせていることを願うしかありませんでした。

保育中の着替えで、虐待や暴力を受けている子どもを発見するケースは増えてきたようですが、翔くんの悲鳴に近い泣き声やアザを発見されたのはさすが保育者だと思います。このような場合、多くのお母さんはお父さんをおそれて援助を求めてこないようですが、翔くんのお母さんがためらいながらも話したのは、保育所への信頼があったからなのでしょう。

「父親によるお酒のうえでの子どもや母親への暴力」は、昔からあったことですが、最近は、良識があり、社会的地位もある、それもごく若いお父さんに見られることが多くなったのはなぜでしょう。男性の職場での仕事上の困難さや人間関係におけるコンプレックスが酒を飲むことによって、自制心を失わせ、身近で弱い者に爆発させてしまうのだという説もあります。このお父さんも1年前の失業が酒乱の直接の原因になったようです。

たしかにお父さんが酔っ払ったときには、子どもを遠ざけ、被害から守ることが必要です。しかし、それと同時に、お酒に逃げなければならないお父さんを家族が理解し、支えていくこともしなければならないのです。飲んでいないときのお父さんの様子がわかりませんが、飲まないときはおとなしい人だという場合も意外に多いものです。そのような人であれば、飲んでいない時間を有効に使うしか方法はないでしょう。飲まないときも乱暴な人であると、対応はとてもむずかしいと思います。

関係機関と連絡をとり、保育所は一生懸命援助しようとしたのですが、結果は裏目に出てしまいました。失業し酒に逃げている姿を他人に話されたのではお父さんのプライドが保てないからです。一緒に引っ越していったお母さんは保育所に相談したことをどう思っているのでしょうか。

最後まで保育所が解決しようと焦らないで、お母さんが福祉事務所に相談するよう方向づけたほうがよかったようです。酒乱のケースの扱いは大変にむずかしく、病院は本人の受診を治療の必要条件としていますので、このようなケースは慎重に考えていきましょう。

§1 保育所の保育相談支援の事例 129

CASE 12 育児ノイローゼから虐待に

保育所・園外からの相談

　ある日の夕方、「ちょっと相談にのってもらえますか……」と深刻な顔の若いお父さんが、保育園に来園されました。
　「先生、うちの子まだ1歳なんですけど、妻が子どもに暴力をふるってしまうんです。私も気がついたのは最近なんですが……。以前から叩いたり、けったりしていたようで……。こんな家庭内での話、あまり人にはできず、悩んでいた矢先、保育園のまえの"『子育て相談』行っています"の看板を見かけたんです。妻にはもちろん怒ったんですけど、余計にひどくなったみたいで……。もう、どうしたらいいか……」との話でした。そこで、お父さんには園のなかに入ってもらい、家でのお母さんの状況などをくわしく聞いてみることにしました。
　お父さんの話によると、お母さんとは同じ年齢で、19歳のときに結婚し、20歳で長女(そのお子さん)が生まれたとのことです。結婚と長女出産で、お父さんは仕事を増やし、昼も夜も働く毎日だったそうです。お母さんは結婚後ずっと家にいるとのことですが、実家も遠く両方の両親とも近くには住んでいないということです。お母さん

の子どもへの暴力が始まったのは、生まれて４、５か月くらいのころからということで、だんだんひどくなっているようで心配になってとのことでした。

　まず、家でのお父さんとお母さんの育児についての役割分担や子育て観について聞いたところ、お父さんは仕事の忙しさのためほとんど子どものことについては、お母さんと話をしたことがないとのことでした。そのために育児の中心もお母さんになっていることもわかりました。また、お母さんは長女を生んで一時期、子どもの夜泣きがひどかったこともあり（子どもが１、２か月のころ）ノイローゼぎみになってしまい、実家に２か月ほど帰っていたそうです。そして、戻ってきたそのあとから、しだいに子どもに手をあげるようになり、現在の暴力になってしまったとのことでした。

　私はこの話を聞き、お母さんの育児への負担の大きさと話をできる人のいない孤独さが、子どもに対する暴力の原因の１つであると感じました。また、それと同時に、この１回の相談の場だけでは解決できる問題ではないと考え、お父さんに「お母さんもたった１人でお子さんを育て、いろいろな不安や悩みがあり、つらかったんだと思います。お父さんもあまりお母さんを怒らないで、お母さんのお話も聞いてあげてみてください。お母さんも少し、心にゆとりができるのではないでしょうか。お父さん自身も１人で悩まず、いつでもきてくださいね」と話してみました。お父さんも「私も仕事、仕事で妻のことを考えてあげるゆとりが、なさ過ぎたのかもしれません……。仕事も大切ですが、妻ともゆっくり話す時間をとるようにします。子どものことは、もう少し様子を見てみます」と言い、帰られました。

　その後、お父さんが保育園に来園することはありませんでした。問題が、解決の方向へ向かっていればと思う毎日です。

　20歳を過ぎて間もない若いお母さんの育児の大変さがうかがわれるむ

ずかしいケースです。お父さんも同じように若く、生活を支えていくのに精一杯というところでしょう。保育相談支援をもっとも必要とするケースですから、何とか力になりたいものです。両親とも実家が遠いということですから、地域の子育て機関である保育所が実家の役割も引き受けられるとよいのですが、このケースの場合何ができそうか考えてみましょう。

まず、1回のお父さんの相談だけでは解決できそうもありません。お父さんがどんなに誠意をもってお母さんを慰労しても、子育てをお母さん1人で担う事態は変わらないし、1歳児はますます手がかかるようになるからです。相談担当者もその危惧を十分にもっていたから、「1人で悩まず、いつでもきてください」と伝えたのでしょう。しかし、この伝え方では相手に選択させるだけで、よほどの意欲がない限り再度来園することは望めないと思われます。

虐待ケースの場合はもう一歩踏み込んだ介入が必要です。子どもの命を護るために、できるだけ早期に具体的な援助をしましょう。お父さんは心配はしていても子どもの命にかかわる問題に発展する危惧はもっていないかもしれませんから、そのことを十分に理解させる必要があります。そのうえで、保育所が対応できることを提案しましょう。緊急一時保育の体制があれば、それを適用し、お父さんには「お母さんの息抜きに保育所が利用できる」ことを伝え、何とかお母さんと子どもを保育所につれてきてもらうよう説得しましょう。お母さんの育児ノイローゼがひどい状態なら、毎日午前中、保育所に遊びにきてもよいではありませんか。一時保育の体制がなければ、お母さんの体験保育でもよいでしょう。名目は何であれ、ともかくお母さんと子どもの行き場をつくることが必要です。お母さんと保育者の人間関係ができれば、子育ての方法も伝えられるし、孤独な育児の悩みも聞いてあげることができます。夜泣きに困って実家に帰ったお母さんですから、保育所が温かく迎え入れれば、子育てのよりどころとして活用するであろうことは推察できます。

繰り返しますが、虐待ケースにはすみやかに具体的な援助の手を差し出すよう配慮しましょう。

5．外国人の保護者からの相談

　国際化時代を迎え、わが国で生活する外国人の数は日増しに増えています。言語、文化、そして生活習慣の異なる国での子育ては想像以上の困難さをともなっているはずです。

　相談に当たっては、それらの違いをよく理解したうえでの、困っている事情を聞いてあげ、温かくていねいなサポートが求められます。保育参加や保護者会への積極的出席などを勧め、そして日本人との良好な関係づくりにも配慮した調整や援助も必要になるでしょう。

CASE 13　病気がちになり、やがて欠席することが多くなって

―― 保育所・園内からの相談

　4月、イランのザボールくん（4か月）が入園してきました。両親ともイラン人で父親は貿易商（日本語はほとんどわからない）、母親は（おもに警察関係にお世話になってしまう同国人の）通訳（英語、日本語はたくみに使用するが、日本語の読み書きはできない）です。

　入園後間もなく離乳期になり、すぐに食事の問題が出てきました。イスラム教徒は豚肉は食べません。また、お祈りをした肉以外は、スープの中に入っていても、そのスープを飲ませてはいけないということで、さっそく、特別な対応を迫られました。給食メニューを英訳して渡し、肉入り食のときは、個人で別のものを持参してほしいということを中心に、また園生活のほかの部分についてもお母さんと綿密な打ち合わせを行いました。このとき、お母さんから仕事の関係で保育時間を長くしてほしい（朝9時から夜8時まで）との要望があり、それに応じることにな

りましたが、その他は食事の問題は別として、とくに問題はないようでした。

　しかし1か月もすると、ザボールくんが病気がちになり、やがて、欠席することが多くなってきました。

　子どもが病気がちになったころ、担任の保育者がお母さんに「何か悩んでいることや困っていることがあるのでは」とたずねても、とくに、はっきりした答えは返ってきませんでした。しかし、園を休む日が増えてきていましたので、お母さんに話し合いの時間をもってもらいました。始めは、やや警戒ぎみだったお母さんも、時間が経過するなかで、私たちが本当にザボールくんのことを心配しているのが通じたのか、心を開いて話し始めてくれました。

　お母さんも慣れない異国での長時間勤務などで疲れ、自分自身も病気がちになっていることがわかってきました。そこで、1日24時間の親と子の生活の流れをていねいに書き出して、一緒に検討してみると、親子ともに睡眠不足の生活になっていることに気づきました。そして、親子とも今の生活の流れを改善していく必要性をお母さんもわかったようでした。

　園の保育時間も通常に戻し、お母さんも勤務時間を減らした生活が始まりました。やがて、1か月もすると親子とも体調も戻り、普通に登園する日が多くなりました。この件以来お母さんは、私たち保育者に信頼感をもってくれたようでした。私たちもそれまでは、（正直、初めてのイランの人ということで、言葉は通じても、何を考えているのかわからないというような）ちょっと警戒心に近いものを感じたりしていました。しかし、そうしたものもなくなり、送り迎えのあいさつのときにも、できる限り多く言葉を交わすようになりました。私たちはそのときかならず一言「何か困ったことがあったら言ってくださいね」というようにしていきました。とくに外国人にとっては、相談室や保育室などというあらたまった場所で話すよりは、気楽に話せる門の付近や、廊下などのほうがよいのではと考えた結果でした。また、お母さんは、英語と日本語が上

134　第6章　保育相談支援の事例

　手なので、ときどきほかの外国人の親との通訳もお願いしたりすると、喜んで引き受けてくれ、園への親しみがさらに増したようでした。
　入園以来半年が過ぎましたが、このようななかで、今では、何かあると、「ちょっと相談していいですか？」と、お母さんのほうから、気楽に私たちに声をかけてくるようになっています。当然のことですが、信頼感がもちあえるということが、人間関係のベースなのだということを再確認しています。

　外国人の子どもが保育所に入園してきた当初は、生活習慣や食文化の相違などで戸惑うことが多く、日本の生活習慣に適応させようとする保育所

側と親との間に摩擦を生じたこともありました。最近では、子どもの母国の文化に保育所が合わせていく努力が積み重なり、保育所も国際化されてきたようです。

このケースで特筆することは、まず、相手国の文化に関する情報をよく把握していることです。子どもは乳児ですから、日本の離乳食でも適応できないわけではありません。しかし、日本で保育されても、やがて母国へ帰ることを考えれば、可能な限り、子どもの母国の生活習慣を取り込んであげる必要があるでしょう。とくに宗教的な戒律はむずかしい対応を迫られます。子どもの母国の文化を理解するためにも、保育上必要なコミュニケーションをとるためにも、多少の語学力が要求されます。給食メニューを英訳して渡したのはよいアイデアですが、これもなかなか大変な仕事です。

コミュニケーションに関しては、幸いこのお母さんは日本語を話せるので、支障がなかったようです。親が日本語を話すことも読むこともできない場合は、保育者が片言の外国語を使い、身振り、手振りを入れて意思疎通を図らねばならないようですが、その点ではこのケースは対応しやすいケースだったといえるでしょう。

文化の差への配慮以外は子どもの保育に差があるわけではありません。むしろ、異国で暮らす親への温かいサポートが子どもの保育以上に必要だと思います。外国人という違和感を保育者が意識して乗り越え、人間関係に国境はないと確認できたことが、外国人ケースを扱う最大のメリットでしょう。

さらに、このケースはお母さんを保育所の人的資源として有効な活用を図りました。他の外国人の親との通訳を依頼したのはよいアイデアでした。

CASE 14 異国での保育園生活が心配

保育所・園内からの相談

　ジャックくんの両親はアメリカの留学生。今年の３月に、生まれて間もないジャックくんをつれて来日しました。お父さんは以前にも、日本で学生生活の経験もあり、日本語はかなり上手で、ひらがなだけは書くこともできます。しかし、お母さんは初めての日本で、しかも５か月の赤ちゃん（ジャックくん）を抱えています。日本語はまったくわかりません。週に３回大学にも通っていて、半年の間で論文を仕上げなければならないとのことでした。

　入園の際の面接・健康診断には両親で来園し、お父さんがお母さんと保育園側との通訳をしてくれました。ジャックくんの健康状態、起床時間、就寝時間、入浴時間、離乳食の進め方についてなどいろいろと話をしました。送迎の時間や保育時間の話など、時間はかかりましたが、お父さんの努力もあり、なんとか面接を終えることができました。しかし、園には英語を話せる職員は残念ながらいませんでしたので、お母さんとコミュニケーションがうまくとれるのか心配はありました。

　保育が始まると、お母さんの不安は私たちの想像より、はるかに大きなものになっていってしまったようでした。そして、そのお母さんの不安はジャックくんにも伝わっているかのようで、朝は大泣き、午前中は特定の保育者に抱かれっぱなし、離乳食もなかなか口にしないという状態がつづいてしまいました。連絡帳にはお父さんの字で、"つまが、じゃっくをしんぱいしています"とつづられる毎日でした。

　担任の保育者も、１日も早くお母さんもジャックくんも気持ちが安定するようにと、かかわり方を模索していた入園して１か月くらい過ぎたある日のことでした。ジャックくんのお父さんとお母さんが、保育園の事務室を訪れました。お父さんの話によると、ジャックくんがいっこう

§1 保育所の保育相談支援の事例 *137*

に保育園に慣れていく様子がないので、お母さんがジャックが保育園でどんなふうに過ごしているのか、心配でたまらない、論文どころではなくなっている、どうしたらいいかわからない、との相談を受けました。まず、お父さんを通して、お母さんが何を一番不安に思っているのか、聞いてみました。お父さんの話から、具体的な不安というよりも、ジャックくんが『どうして保育園に慣れてくれないのか』ということ自体がお母さんの不安であることがわかりました。そのうえ言葉が通じないことが、よけいにお母さんの不安をかきたてているとのことでした。

しかし、ほとんど英語の話せない園の職員と、日本語のわからないお母さんとでは、いくらお父さんの通訳を通したとはいえ、細かい育児の情報交換や、お母さんとの意思疎通を図ることは、むずかしい問題です。相談は受けたものの、不安解消の手助けができるのか、私（園長）にはまったく自信がありませんでした。

そのとき、「１日、妻に保育者の人たちと一緒に、保育をさせてもらえないでしょうか？」との、お父さんからの申し出がありました。これは、もしかしたらよい方法かもしれないと思い、担任とも相談のうえ、

翌日返事をすることとし、その日は帰ってもらうことにしました。

お母さんの保育参加については、園全体で話し合いの場をもちました。いろいろな意見がでましたが、"百聞は一見にしかず"ということで、言葉でのコミュニケーションがとりづらい、お母さんの不安を取り除くためにも、お父さんの申し入れを受けることにしました。

翌朝、ジャックくんと一緒に0歳児の保育室に入ったお母さんには、赤ちゃんの受け入れから、おむつの交換、授乳や離乳食の与え方、それぞれの遊び、昼寝の様子など、保育園の保育者のふだんどおりの仕事を見てもらいました。そして、ジャックくんはもちろん、ほかの子どもたちとも遊んでもらいました。ジャックくんを抱いて、お昼ころあいさつをして帰るお母さんの表情は、今までに見たことのない笑顔へと変わっていました。

その次の日から、ジャックくんをつれてくるお母さんは、すっかり担任や保育園を信頼しきったようで、安心してジャックくんを預けていくようになりました。ジャックくん自身も不思議なほど、短い間で、泣かずに機嫌よく保育園で過ごせるようになっていました。

国際化が進み、日本で外国人が生活し、その子どもを保育所に預けるというケースもしだいに増えてきています。

言葉が違い、生活習慣やしつけの仕方に違いがあっても、子どもの育ち方や、身のまわりの生活習慣を身につけ、人間関係や社会生活上の基本的な態度や習得すべき技法は、それほど変わるものではありません。

ジャックくんは、家庭での洋式の生活様式と保育所での和式（和洋折衷というべきか）の生活様式との2様式に挟まれて、しかも聞き慣れない言葉で話されるのだから、何を言われているのかわからないし、たし

かに混乱し、ためらうことがあったりして泣き出したのは、むしろ当然のことだったでしょう。お母さんはそれらのことがわかっていて、本当にうまくジャックくんの保育がしてもらえるか心配でならなかったのです。

　お父さんの申し出により「保育参加」してもらったことは、お母さんの心配を払拭するのにとてもよいことだったといえます。言葉が日本語ばかりの保育でも、おむつ交換、授乳や離乳食の与え方、そして遊ばせ方にはとんど違いのないことがわかって安心されたことでしょう。

　それに、ジャックくんはまだ0歳です。これが3歳になってからのことだったら、子ども自身の戸惑いは大きく、保育所の生活への適応は大変だったかもしれません。保育者が英語が話せないことで、お母さんとのコンタクトがとりにくく今後の家庭と保育所との連携に若干の支障はつづくかもしれません。ただ、心配することはなし、ジャックくんはこれから言葉を覚えていくのです。すぐに日本語にも慣れ、その言葉を家庭での英語とともに学習して、1年もすればまったく保育現場での支障はなくなるでしょう。

　両親のどちらかが日本人であったり、日本語を話せる場合は保育所における保育にはほとんど問題になることもないし、家庭での子育てについても、2人の子ども時代の育ち方の違いなどから若干の食い違いがあっても、それらは日本人同士の両親の場合とほとんど変わらないはずです。

　一般的には、子ども自身の育ち方への心配よりも、親たちの慣れない日本の地でのさまざまな戸惑いや困難について、子育てを通して、機会があるごとに助言や支援をしてあげることが必要です。とくに、子どもが外国人であることによる周囲からの「いじめ」や、親たちの感じる「差別感」が存在する場合は、特別な配慮が必要になってきます。

保育所以外の児童福祉施設の保育相談支援の事例

　これまで保育所での保育相談支援についての事例を見てきました。ここでは保育所以外の児童福祉施設の保育相談支援の事例を紹介したいと思います。そこで保育所以外の児童福祉施設のなかから、「乳児院」「児童養護施設」「児童発達支援センター」「地域の療育センター」の事例を取り上げました。

　保育所以外の児童福祉施設に入所している子どもや保護者の多くは、保育所に通っている家庭よりも多くの問題を抱えているケースがほとんどです。生活の問題や子どもの発達や障がいに関する問題などそれぞれの家庭の事情を十分把握したうえで関係機関との連携につなげていく必要があります。

　この節でも「児童発達支援センター」の事例を取り上げていますが、知的障がいや発達障がいなど、さまざまな障がいを抱える子どもたちの療育を「療育センター」などの名称で総合して行っている自治体や施設が多くあります。そこでこの節でもこのような地域の療育センターを通所で利用している子どもの事例も取り上げました。

　なお、児童福祉施設や療育センターは各自治体や施設によって、利用できる条件や配置されている専門の人も異なるため、かならずしもここで取り上げた事例のような対応ばかりとは限りませんが、相談にくる保護者や抱えている悩みなどは一般的に多く見られる事例です。それぞれの相談事例の保護者の悩みや保育者の対応から、さまざまな児童福祉施設での支援について知り、保育所とは異なる配慮や対応を学びましょう。

§2 保育所以外の児童福祉施設の保育相談支援の事例 **141**

● 1. 乳児院

CASE
15

予定より子どもを早く退所させたい

乳児院・園内からの相談

　離婚による母子家庭の悠斗くん（1歳児）は、1週間程度の短期入所を予定していました。悠斗くんのお母さんは悠斗くんの出産の際に、持病である椎間板ヘルニアの悪化と重度の腰痛で就労ができず、家事をするのがやっとといった状態でした。悠斗くんと遊ぶこともできず、悠斗くんもビデオを見て過ごすことが多いため、昼夜が逆転し夜泣きがひどく、近所から苦情でアパートも立ち退かなくてはならなくなってしまったとのことです。このため、児童相談所との相談の結果、お母さんの休養に加え、悠斗くんの生活リズムの改善を目的として、2〜3か月に1度のペースで1週間程度の短期入所を継続的に行うという方針で入所しています。家族は中学生のお姉さんとの3人暮らしで、生活保護を受けて生活をしています。まったく身寄りがないお母さんは以前にも、お姉さんを児童養護施設、悠斗くんを乳児院（本園）にあずけたことがあります。悠斗くんのお母さんは、自分で子育てをしたいという熱意が非常に高い反面、自分で子育てができず、子どもたちを施設に預けることに対する後ろめたさを強く感じている人でした。

　今回の短期入所の3日目に、悠斗くんのお母さんから、「先生、私はもう休養は十分できたので、これ以上、悠斗を預けておくのは心苦しいんです」との話がありました。お母さんは、以前の入所のときの様子からも乳児院で悠斗くんがかわいがられていること、家より生活リズムがよくなっていること、そしてその間に自分自身の体調を改善しなければならないことなど、理屈としては理解しているそうですが、それでも悠

斗くんがいないことへのさみしさが大きくて……と、切々と話しました。

自分で育てたくても育てられないつらいお母さんの気持ちを少しでも楽にできるのではと、それまでの入所の際は、悠斗くんの様子は連絡帳に記載し、退所の際に母親に手渡して報告するようにして伝えていましたが、そ

れをメールに切り替え、その日のうちに報告することにし、お母さんが悠斗くんの様子をこまめに把握できるように配慮することにしました。さらに、同年代の子どもと遊んでいる様子や、戸外で活発に体を動かしている様子など、在宅ではできなかった体験を中心にデジカメで撮影し、時折、メールに写真を添付するよう心がけました。お母さんはこの対応をとても喜び、「毎日の悠斗の様子がわかり、さみしさが少しなくなりました」と、前向きな姿勢で利用するようになっていきました。

その後、短期入所期間を利用して、お母さんはヘルニアの手術を行い、再び就労できるまで体調が回復し、悠斗くんも保育所に入ることができました。保育所に入ってからはお母さんの体調も生活も落ち着き、乳児院を利用しなくてもすむようになっていきました。

入所施設を利用している保護者には「自分で育てられない」という罪悪感と「子どもが手元にいないさみしさ」があるようです。もしかしたら、

§2 保育所以外の児童福祉施設の保育相談支援の事例 **143**

子どもが自分の側にいないだけでなく、施設の生活リズムに慣れて家から離れていくのではないかという不安もあったかも知れません。身寄りのない母子家庭で病弱な母親が1歳児を育てることは、子どもの発達にとって、かならずしも望ましい環境ではありません。年齢に適した運動や遊びを保護者が保障できないからです。

　悠斗くんはお母さんの子どもではありますが、社会の子どもでもあります。お母さんの希望どおり、予定より早く帰すのではなく、悠斗くんの最善の利益を考えて予定どおり入所させ、養護することを前提に解決策を考えた保育者の対応は適切です。その一方で、お母さんの心の安定にも配慮し、情報の速やかな伝達という具体的な対応がなされました。この記載にはありませんが、おそらく、メールや写真による伝達の可否もお母さんと話し合われたと思います。保育者の仕事の負担は増えるわけですが、このような細やかな配慮が1人の子どもの健やかな成長につながっていくのです。

CASE 16 子どもの帰宅日数を減らしてほしい

乳児院・園内からの相談

　お父さんとお母さんの3人家族の小太郎くん（7か月）。小太郎くんが3か月のときに、お母さんがうつ病（産後のための）で入院した際に入所しました。しかし、お母さんの退院後も、お母さんは女の子の誕生を強く希望して出産したものの男の子であったことも影響し、養育拒否傾向にあるとのことで、小太郎くんは退所できない状態がつづいていました。お母さんは在宅で通院しながら治療をしているものの、家事や育児は十分こなせない状態で、お父さんが仕事の合間をぬって行っているとのことです。

児童相談所のケースワーカーとの処遇方針に関する会議では、お母さんの状態を見ながら、小太郎くんの退所に向けて、帰宅回数を少しずつ増やしていくことで両親とも合意していましたが、会議から何日もたたないうちに、乳児院の担当保育者のもとにお父さんから「小太郎の帰宅日数を減らしてほしいのですが……」との電話がかかってきました。

思いつめた様子で話すお父さんの話を電話で傾聴したあと、その週に予定していた帰宅は中止し、翌週にお父さんに乳児院にきてもらうことにしました。担当の保育者と園内のケースワーカーであらためてお父さんから事情を聞きました。お父さんいわく、「母親のうつ病は少しずつ治ってきてはいるものの、母親自身が子どもに対して、どのように接してよいかわからない。母親自身が母親との２人きりの母子家庭だったため、男の子とはどのように遊べばよいのかわからず自信がもてず、小太郎とのかかわりを避けてしまうのではないかと思う」とのことでした。

そこで、小太郎くんが乳児院の生活プログラムのなかで、保育者やその他の職員、また他の子どもたちとかかわる様子を一緒に体験できればと、小太郎くんが帰宅の前に半日ほど、迎えにきたお母さんに乳児院で一緒に遊ぶようにしてはどうかと提案してみることにしました。お母さんはその提案を受け入れ、帰宅前の半日、乳児院で過ごしてくれるようになりました。そのなかで、保育者から小太郎くんの好きな遊びやかか

わり方のポイントを伝えるようにしました。好きな玩具や絵本なども、場合に応じて貸し出したりしました。また、帰宅中もいつでも乳児院に相談の電話やメールをしてもよいことを伝えたうえで、帰宅中には1度、担任保育者が自宅に電話を入れて様子をうかがうようにしました。

　このようなやりとりを少しずつ積み重ねていくなかで、お父さんもお母さんも小太郎くんの育児に対して消極的だったこと、短時間預かってもらえるような親族や友人がほとんどいなかったことなど、しだいに話し出し、さまざまな相談もしてくるようになっていきました。小太郎くんの退所の目途がつくようになったころから、小太郎くんの地域の子育て支援センターなどの情報も少しずつ伝えるようにしていきました。お母さんの病状は少しずつよくなるものの完治とはいきませんでしたが、お父さんや地域の人たちに支えられて生活の状況に合わせ、子育て支援センターを中心とした地域資源を活用できるようになりました。幼稚園入園を期に小太郎くんは退所することができました。

　子どもと家庭をつないでいく乳児院の努力が読み取れるケースです。お母さんの病状を見ながら、小太郎くんの家庭復帰を図っていくなかで、両親の子育てへの不安があきらかになってきました。問題提起をしてきたのはお父さんなので、まず、お父さんと面談して、状況を把握したのはアセスメント（事前評価）と方針の設定に役立ちました。この場合、問題解決の鍵（キーパーソン）となったのはお父さんです。お父さんを介してお母さんに適した解決策を相談したと思います。

　帰宅前の半日を小太郎くんの育て方、学習にあて、さらに困ったときの相談体制や保育者からの積極的な対応法など、家庭が安心して小太郎くんを育てられるレールを敷いていきました。退院に備え、地域子育て支援センターにつなげていく配慮も適切です。入所施設は子どもの家庭復帰に備えて、これまで施設が果たしてきた役割を地域資源へとつなげていく「相談支援」のあり方がよく理解できます。

CASE 17 子どもが落ち着いて過ごせない！

乳児院・園内からの相談

　父子家庭の由紀奈ちゃん（2歳児）のお父さんから「乳児院へ出入りする、ボランティアの人や実習生（職場体験の中学生も含む）がいることで子どもが落ち着いて過ごすことができないのでは……とても不安です」と少々クレームに近い調子での相談がありました。由紀奈ちゃんのお父さんから直接聞いたことはありませんでしたが、入所の際に児童相談所のケースワーカーより、離婚して子どもを乳児院に入れてしまったことをお父さんが強く恥じていると聞いていましたし、日ごろの態度からでもそのような様子は感じ取れていました。

　そこで、まず、乳児院の職員以外の人間のかかわり方についての園の方針をお父さんにあらためて説明しました。かならず担当保育者がその場につくことになっていることや、子どもたちが安定していないときには、ボランティアや実習生とかかわることはないことを伝えました。お父さんはまったく納得できない様子です。不満や不安の原因は違うところにあるのではとも感じていたため、お父さんの日常の悩みや由紀奈ちゃんへの思いなどについて聞き、少しでもお父さん自身の気持ちが引き出せるよう言葉をかけてみました。すると、重い口から「ボランティアの人や実習生たちが守秘義務をきちんと守れているのか心配なんです」という言葉が出ました。この言葉を機に「自分の子どもが乳児院に措置されていること

が、彼らを媒介にして世間に知られてしまうのではないか」という不安な気持ちも話し出されました。

　そこで、由起奈ちゃん自身はボランティアの人や実習生とかかわることも好んでいることと、職員とは違うさまざまな立場の人々とのかかわりの大切さをエピソードをまじえて話しました。プライバシー保持については、園全体での協議がなされており、ボランティアの人また園に入る実習生たちも事前に指導していることを伝えたところ、お父さんの固い表情が少しやわらぎました。そして、プライバシーの保持に関する説明が足りなかったとも感じたので、園内ではマニュアルが作成されており、それに従って、オリエンテーリング時には文書をもとに説明し、同意書をとっていることなどもていねいに伝えました。お父さんは「安心できました」とおっしゃり帰りました。その後、お父さんから相談を受けることはありませんでした。

　保育所ではあまり聞いたことのない相談です。入所施設を利用している保護者は、施設利用に関して非常にデリケートな感情を抱いていることを痛感させられます。実習生やボランティアが出入りするので、子どもが落ち着けないというお父さんの訴えにそのようなことがないように配慮していると説明しながら、お父さんの様子から本当の不満は別のことではないかと受け取った保育者の勘は鋭いです。保育者の直感どおり、お父さんの訴えは子どものことではなく、お父さん自身の不安だったのです。職員以外の人が自分の「知られたくない事実」を世間に伝えてしまうのではないかという不安、さらに、そのような人々をなぜ、施設内に入れるのかという不満だったわけです。保育者は守秘義務に関する規定を解説することに加えて、施設に実習生やボランティアが入り、子どもたちとかかわるメリットについても説明しました。

　この事例を通して、実習生やボランティアを保護者はどう受け止めているかを理解し、プライバシーを守る姿勢に徹しましょう。

2. 児童養護施設

CASE 18 子どもに持参させた持ち物がなくなるんです！

———— 児童養護施設・園内からの相談

　母親の家出のため、父子家庭となった真由香ちゃん（小学4年生）のお父さんから、「家庭から持たせた衣服や持ち物が頻繁に紛失してるんです。持ち物管理をきちんとしてほしい」との苦情がありました。

　真由香ちゃんのお父さんは、ふだんから養育熱心で園の行事にもとても協力的です。お父さんは片親にさせてしまった……と、真由香ちゃんを不憫に思うあまり、お金やものを安易に与える傾向がありました。真由香ちゃんもいつも新しい洋服や持ち物を身につけており、父にねだれば何でも簡単に手に入ることがわかっているため、ものを大切にしない傾向が見受けられており、最近では学校や施設内の友達に何度もものをあげていることが多く見られたため気にかかっていた、そんな矢先のお父さんの訴えでした（実際にはものの紛失などは起きていませんでした）。

　そこで、事前に真由香ちゃんには、実際に持ち物がなくなっていないこと、持ち物は友達にあげてしまっていることを確認したうえで、お父さんが週末の帰宅の迎えにきたときに、話をすることにしました。

　お父さんの日ごろの手厚い心づかいへの感謝を述べつつ、実際には紛失が起こっていないことを伝えました。そして、真由香ちゃんが友達にものをあげて、気をひこうとする傾向があることを話しました。お父さんは、真由香ちゃんの友達とのつきあい方を知って、非常に驚いた様子でしたが、真由香ちゃんが施設で生活するために必要な費用は「措置費」として支給され、原則的には、それで賄うようにしていることをあらためて伝えました。真由香ちゃんの将来の自立に向け、自分の持

物は自己管理させたいので、自己管理可能な範囲で買ってあげてはどうかと提案してみました。併せて、真由香ちゃんの持ち物も必要範囲内に抑えていくようにしてはどうかとも伝えてみました。具体的な状況を伝えるうちに、「真由香は私が真由香にしているように、お友達にもしてしまっているんではないでしょうか」と、父親自身の娘へ

の対応を模倣していることに気づいたようで、そのようなつきあい方は適切ではないと気づいてくれました。お父さんは真由香ちゃんに直接的に金品を与えることはやめ、保育者からの要請があったときのみに対応すると決意したのでした。

　その後、真由香ちゃんは持ち物が減ったことで、むやみに友達にものをあげる姿は見られなくなっていきました。どうしてもほしいものは、誕生日やクリスマスなどの機会までがまんするようになりました。

　この事例は相談というよりはクレーム、苦情です。社会福祉法に基づいて、施設は「苦情解決制度」を設け、利用者の苦情に対応しなければならないのですが、多くの現場が苦情というよりも、意見、提言として受け止め、施設の運営や保育・養護・療育に活かしていこうという積極的な姿勢でのぞんでいます。したがって苦情解決と保育相談支援は同一線上にあり、その対応はほとんど同じと考えてよいと思います。

150　第6章　保育相談支援の事例

　この事例では、苦情を申し立てているお父さんを温かい謝辞で迎え、関係づくりをしてから、事実に関する情報提供をしています。入所施設は保護者よりも子どもの生活の様子をよく把握していますから、それを保護者に伝える必要があります。事実を知ったお父さんは自分の行為（真由香ちゃんにお金やものを安易に与える）を娘が模倣していると気づき、自ら改善しようと決意しました。クレームから始まり、保育者のていねいな情報提供から保護者自身が問題の原因に気づくという支援に終わりました。

● 3．児童発達支援センター

CASE 19
もっと子どもの発達を促すような かかわりをしてほしいんです！

──────────────── 園内からの相談

　ダウン症の英太くん（2歳児）は、発声はあるものの視線は合いにくく、保育者の呼びかけに対しても反応が悪く、難聴の疑いがあります。筋力も弱く、ハイハイがようやくできる程度で、運動への意欲も他の子どもより低く、アレルギー体質で、感染症にもかかりやすく、日ごろから欠席の多い子どもです。英太くんのお母さんは、運動療法などの訓練への関心が非常に高い人です。そのためか、お母さんの期待した効果が得られないと英太くんの通う病院もすぐに変えてしまうのです。日ごろから「もっと訓練させてください。努力しないとほかの子から遅れてしまうんです」と訴え、また「父親はまったく協力的でない」とよく保育者に愚痴をこぼすため、「お母さんのお話をもう少しくわしく聞かせてもらえませんか？」と声をかけ、担任の保育者と相談の担当保育者であった私との2人で面談の場を設けることにしました。

　お母さんは、「ハンディを克服するためには、とにかく訓練が必要」

と、訓練しなければ、どんどん発達が遅れてしまうという焦りの気持ちが強く、保育での「遊び」の意義をほとんど認めていない様子でした。そこで、面談ではお母さんの焦る気持ちを受け止めようと、センターのカリキュラムが遊び中心であることへの不満を言い立てるお母さんに、担任の保育者は一切、反論せずに傾聴しまし

た。すると、しだいに「私の染色体が原因でこの子が障がいを負ったのだから、自分はその責任をとらなければならない。だから、この子の訓練のためなら何でもする」と秘めていた思いを打ち明け始めてくれたのです。

　担任の保育者が「お父さんは、英太くんのことをどのように思っているか？」と、もう1つの不満であった夫への話題へずらして聞くと、「わからない。そもそも、仕事で忙しいから、あまりこの子とかかわったことがない。かかわり方がわからないと思う」との話もしてくれました。そこでちょうど予定されていた、父の日に行われる行事「父子療育（通称：お父さんデー）」にお父さんに参加してもらうよう、母親に要請し、その日の面談は終了しました。この時点では、何も解決してないのですが、不満を表明することができたことで、お母さんの顔は少しスッキリした様子でした。

　そして「お父さんデー」には、初めて英太くんのお父さんが園に足を

運んでくれました。ふだんのお母さんの話から予想された姿とは裏腹に、母親抜きでも父子でプログラムを難なくこなすお父さん。行事のあと、さりげなく、お父さんとの面談時間をとり、お父さん自身の思いを聞くと「自分にできることがあれば、子どもと遊んだりしたいとは思うが、母親が必死なので、手を出しそびれてきた」とのことでした。父親の趣味が水泳であることをお母さんから聞いていたため、休日に父子で水遊びすることを提案してみました（少し大きくなれば障がい児用の水泳教室もあり、ダウン症の子にとって水泳は療育効果が高いことも簡単に伝えた）。そして、さっそく次の週からお父さんは実行し始めてくれました。

お母さんにとって週末に2〜3時間程度、自分の時間がとれるようになった効果も大きく、「気持ちに余裕がもてるようになった」と保育者に話すようになり、しばしば見せていた焦りの表情が少なくなってきました。転院ばかりしていた病院も変わらなくなったようです。

お父さんとのプール通いは、英太くんにとっても、父子の絆づくりだけではなく、体力増強や筋力増強に効果があり、しだいに欠席回数も少なくなってきています。

今後もお母さんへのかかわりだけでなく、忙しいなか英太くんへのかかわりをつづけているお父さんの気持ちにも配慮し、見守っていきたいと思っています。

障がいをもつ子ども、しかも年齢が低ければ低いほど、この事例のように保護者の焦りは大きいようです。「訓練しなければどんどん発達が遅れてしまう」というお母さんの焦りを面談へと誘い、療育内容への不満を一切反論せずに傾聴した保育者の対応は相談支援のプロといえるでしょう。保育者にとってカリキュラムや保育方法へのクレームを黙って聴いているのは容易なことではありません。どうしても説明したり、言い訳をしたりしたくなります。第4章（2）p.75で解説したように傾聴は対人援助の基本です。

傾聴の効果はお母さん自身の秘めた想いを言語化するところにたどりつきました。ここで保育者はお父さんの話題にずらしていますが、これはどうしてなのでしょう。お母さんがかねてから不満を漏らしていたお父さんの育児を改善する手がかりを得たかったのか、これ以上お母さんの罪悪感を深めないための配慮であったか、保育者自身が聴いていることに耐えられなくなったか。多分２番目の配慮だったのかもしれません。結果としてはお父さんの育児参加がスタートし、お父さんがお母さんに抱いていた気兼ねも解消しました。お父さんが参加することで、お母さん１人で背負っていた重荷も軽くなったようです。「傾聴」の効果をあらためて確認できた事例です。

4．地域の療育センター

CASE 20　地域の幼稚園に入園させたいけど、可能なのでしょうか？

――――園内からの相談

　ADHD（注意欠陥・多動性障害）の隼人くん（３歳児）は、週に３回の母子通園クラスに在籍している男の子です。知的にも運動能力もとくに大きな問題はなく、療育手帳も未取得です。
　センターの集団活動（８名のクラス）では、落ち着いて過ごしている隼人くんですが、お母さんの話によると、家では落ち着きがなく、公園などで地域の子どもたちとうまくかかわることもできないとのこと。お母さんは「地域の幼稚園に入園させたいけど、可能なのでしょうか？」との相談です。
　お母さんは、「療育センターの母子療育クラスでは、８組の母子に対し、２名の保育者によって療育が行われているため、通常の幼稚園でこ

のような手厚い対応はできないので、隼人は集団活動についていけないだろう」と心配していました。

そこでセンターのケースワーカーとも協議のうえ、障がい児の受け入れ実績のある幼稚園の地域交流事業や体験保育に参加してみることを提案し、さらに集団活動への参加がむずかしいのであれば療育手帳を取得することで、加配職員を要求できることを伝えました。初回の体験保育の際には、事前に幼稚園に連絡を入れ、センターのケースワーカーも同伴することにしました。

隼人くんをつれて3つの園の体験保育を経験したあと、そのなかから遊びを中心とした保育を行っている園に入園させたいと、お母さんは考えるようになりました。療育センターへの通園がない日は、毎日、その園の園庭開放に通い始めました。私は隼人くんの園庭開放での様子（たとえば、砂場でのおもちゃの取り合い）などを、こまめにお母さんから聞き、まわりの子どもたちとの仲だち方法をアドバイスするようにしました。初めは戸惑うことの多かった隼人くんですが、やがて幼稚園の園庭でも遊べるようになり、幼稚園の先生や職員とも親しくかかわれるようにな

りました。

　入園相談の際、療育センターのケースワーカーも同席して話し合い、幼稚園とお母さんの双方が合意し、隼人くんは加配職員をつけずに年中児から入園することになりました。しばらくしてもクラス活動についていけなかった場合は、療育手帳を取得して加配職員をつけることを決めるとのことです。お母さんから、「先生方に相談して本当によかったです。実際に隼人が通えそうな園の地域交流事業に参加するなかで隼人に合った園を見つけることができました」と言葉をかけてくれました。「不安なことなどあったら、いつでも連絡をくださいね」とお母さんに伝えました。

　療育センター卒園後も隼人くんは遊び中心の保育の形態が合っていたようで、卒園まで、加配職員はつけなくても幼稚園生活を送ることができたそうです（ただし、一斉活動が苦手だった隼人くんは、小学校では不適応を起こしてしまったとのことです）。

　たしかに療育センターでは保育者の配置が手厚く、幼稚園はその何倍もの子どもを1人の担任が受けもっています。療育手帳未取得ということですからこのままでは幼稚園で隼人くんのために教諭を加配することはできません。少人数でしかも母子一緒の集団での動きと幼稚園の大きな集団での動きは異なりますので、相談の段階で保育者がお母さんに明確な指示を出せないのは当然です。

　そこで、地域資源を活用してお母さんと隼人くんが決断できるよう援助しました。障がい児受け入れ実績のある3つの幼稚園を紹介し、初回の体験保育には同センターのケースワーカーが同伴するというていねいな紹介をしています。また、複数の幼稚園を紹介したこともお母さんが隼人くんに合う園を選択できる「自己決定」を保障したものとなりました。

　この事例では相談者の意志決定を大切にしながら、地域資源を活用する方法を学ぶことができます。

156 第6章　保育相談支援の事例

演習課題 6

次の事例を読んで、保育者の対応をどのように思いますか？　あなたの感想を書いてみましょう。

事例

　ある日、近隣から参加している若いお母さんと３歳くらいの男の子が、木工コーナーで遊んでいました。お母さんが一生懸命にノコギリを使っていて、子どもは片手で木を押さえ、もう一方の手の親指を口に入れていました。近所の子どもで顔見知りだったこともあったので、「指、おいしい？」と声をかけました。すると子どもは、黙りこくって保育者をにらみつけました。そのとき母親がノコギリをひく手を止めて、「先生、指しゃぶりが治らないんです。どうしたらいいでしょう？」と聞いてきました。

　子どものほうを見てみると、知らん振りで指を口に入れています。保育者が「指おいしいよねー」と笑いながら声をかけると「ウン」とうなずきました。そこで「お母さん、そんなこと話してないで、つづきをしてあげて。何つくってるの？」と言うと、お母さんは再びノコギリにとりかかりました。子どもには、「こっちの手も木を押さえててね。そうすると、ママが上手に切れるから」と言って、指を吸っている手も木を押さえるように促してみました。お母さんは保育者の意図に気づいて、何も言わないでノコギリをひきつづけています。「お母さん、両方の手で押さえてくれているから、上手に切れるわねぇ」とお母さんにわざとらしく言いウィンクしたら、「あー、切れるわ！　上手に切れる！」と大きな声で返してきました。子どもには「ちゃんと持っててあげてね」と言い残して、その場を去りました。

　帰り際、お母さんはちょっとオーバーな動作で「さようなら」とあいさつしてくれましたが、お母さんの手は子どもの指しゃぶりのほうの手をつないでいました。子どものもう一方の手には、手づくり自動車がしっかり握られていました。

[あなたの考え]

本書参考文献一覧

- 柏女霊峰監修／全国保育士会編『全国保育士会倫理綱領ガイドブック』全国社会福祉協議会、2004 年
- 厚生労働省編『保育所保育指針解説書』フレーベル館、2008 年
- 小林育子／大嶋恭二／神里博武『社会福祉援助技術』ミネルヴァ書房、2007 年
- 小林育子／小舘静枝『保育者のための社会福祉援助技術』萌文書林、2007 年
- 小林育子／小林久利『保育所の子育て相談』萌文書林、2008 年
- 小林育子／民秋　言編『園長の責務と専門性の研究』萌文書林、2009 年
- 坂崎隆浩『保育維新 2　保育園の子育て支援』世界文化社、2004 年
- 民秋　言編『幼稚園教育要領・保育所保育指針の成立と変遷』萌文書林、2008 年
- 「保育の友」編集部『保育園と家庭をつなぐHOW　TOコミュニケーション』全国社会福祉協議会、2010 年
- 吉沢英子／小舘静枝『児童福祉』ミネルヴァ書房、2008 年

著者　小林 育子

横浜市出身。日本女子大学家政学部社会福祉学科卒業。
国立精神衛生研究所技官、神奈川県精神衛生センター技師として、16年間ソーシャルワークの研究と実践に当たる。
1974年より、大和学園女子短期大学（現、聖セシリア女子短期大学）専任教員として、社会福祉、児童福祉、社会福祉援助技術、保育実習等を担当。その後、田園調布学園大学教授・副学長を務め、2008年退職。
現在、聖セシリア女子短期大学名誉教授、同大学顧問。社会福祉法人モニカ保育園顧問。

[主な著書]『保育者のための社会福祉』（単著、萌文書林）、『施設実習マニュアル』（共著、萌文書林）、『保育・看護・福祉プリマーズ　児童福祉』（共著、ミネルヴァ書房）、『保育所の子育て相談』（共著、萌文書林）、『保育者のための相談援助』（共著、萌文書林）、『保育所運営マニュアル』（共著、中央法規出版）、『園長の責務と専門性の研究』（編著、萌文書林）、他。

本書事例執筆者　（第6章 §2 事例部分）

二宮 祐子　　東京女子体育大学・東京女子体育短期大学准教授
　　　　　　　（元川崎市保育士）

『保育所の子育て相談』事例提供者※　（五十音順）

飯塚 朝子　　北区立王子保育園保育士
井出 淑子　　文京区立千石西保育園園長
福田 秀子　　社会福祉法人博愛福祉会もみじ保育園副園長
松本 春美　　社会福祉法人幸会みゆき保育園主任保育士

※本書は『保育所の子育て相談』（1999年初版発行、萌文書林刊）の事例を一部、転載および使用している。上記は、『保育所の子育て相談』転載箇所の事例提供者である（事例提供者の肩書きは、1999年初版発行時）。

<写真協力> 齋藤麻由美　田中結太　田辺小雪
<装　　丁> 大路浩実
<イラスト> 西田ヒロコ

演習　保育相談支援

2010 年 11 月 25 日　　初　版第 1 刷発行	著　者　小　林　育　子
2012 年 10 月 15 日　　初　版第 2 刷発行	発行者　服　部　直　人
2013 年　4 月　1 日　　第 2 版第 1 刷発行	発行所　株式会社 萌文書林
2017 年　4 月　1 日　　第 2 版第 6 刷発行	
2018 年　3 月 25 日　　第 3 版第 1 刷発行	
2020 年　4 月　1 日　　第 3 版第 3 刷発行	

〒 113-0021 東京都文京区本駒込 6-25-6
TEL 03-3943-0576　FAX 03-3943-0567
[URL] https://www.houbun.com
[E-mail] info@houbun.com

印刷 / 製本　シナノ印刷株式会社

〈検印省略〉　　　　　　　　　　　　　　　（定価はカバーに表示してあります）

© 2010　Ikuko Kobayashi　Printed in Japan　　ISBN 978-4-89347-303-5　C3037